W0298346

Skier's Fitness

Max Rieder/Martin Fiala

Skier's Fitness

Konditionstraining im Skisport

Meyer & Meyer Verlag

Die Deutsche Bibliothek – CIP-Einheitsaufnahme

Skier's Fitness :
Konditionstraining im Skisport / Max Rieder; Martin Fiala.
– Aachen : Meyer und Meyer, 2003
ISBN 3-89124-949-7

Alle Rechte, insbesondere das Recht der Vervielfältigung und Verbreitung sowie das Recht der Übersetzungen, vorbehalten. Kein Teil des Werkes darf in irgendeiner Form – durch Fotokopie, Mikrofilm oder ein anderes Verfahren – ohne schriftliche Genehmigung des Verlages reproduziert oder unter Verwendung elektronischer Systeme verarbeitet, gespeichert, vervielfältigt oder verbreitet werden.

© 2003 by Meyer & Meyer Verlag, Aachen
Adelaide, Auckland, Budapest, Graz, Johannesburg, Miami,
Olten (CH), Oxford, Singapore, Toronto
Member of the World
Sportpublishers' Association (WSPA)
Druck und Bindung FINIDR, s. r. o., Český Těšín
ISBN 3-89124-949-7
E-Mail: verlag@m-m-sports.com

INHALT

I MEINUNGEN

Martina Ertl - Weltmeisterin

„Fit in den Winter zu gehen, ist eine wichtige Grundvoraussetzung, um Spaß und auch Erfolg zu haben. Auch ich muss also meine Hausaufgaben hauptsächlich im Sommer und Herbst erledigen, um im Winter im Ziel lachen zu können. Da ich gerne lache, gebe ich mir auch Mühe mit den Hausaufgaben."

Hilde Gerg - Olympiasiegerin

„In den letzten Jahren hat der Stellenwert des Konditionstrainings immer mehr zugenommen. Es geht nicht mehr nur darum, im Sommer etwas ‚Ausgleichssport' zu betreiben, sondern gezielt für die Bedürfnisse im Winter auf der Skipiste vorbereitet zu sein. Somit nimmt der Konditionsbereich doch einen großen Teil der Vorbereitung in Anspruch. Es ist aber auch sehr wichtig im Winter, zwischen den Wettkämpfen, ein gut abgestimmtes Konditionsprogramm durchzuführen."

„Mein Hauptaugenmerk liegt im Winter größtenteils auf regenerativen Einheiten, damit ich für das Training und vor allem für den Wettkampf gut ausgeruht bin. Regeneration heißt in dem Fall nicht nur ‚Faulenzen', Sauna oder Spazierengehen. Die Trainingseinheiten, die gewählt werden, egal, ob Krafttraining, Schnelligkeit oder Ausdauer, trainiere ich alle im unteren Belastungsbereich. So kann ich den Leistungsstand, den man sich über den Sommer hart erarbeitet hat, gut erhalten und bin dennoch nicht zu müde, um gut skizufahren.

Darüber hinaus bietet mir ein entspannter Waldlauf auch eine gute Möglichkeit, sich mental zu entspannen und mich gut auf den nächsten Tag vorzubereiten."

„Für mich ist das Konditionstraining auch im Winter eine schöne Abwechslung, jedoch auch notwendig, damit ich immer fit an den Start gehen kann und um Verletzungen oder Stürze zu vermeiden."

Regina Häusl - Siegerin Abfahrts-Gesamtweltcup

„Im Skisport steht für mich die körperliche Fitness an erster Stelle. Um verletzungsfrei durch die Skisaison zu kommen, ist es entscheidend, schon im Herbst die notwendige Grundlage für die Wintermonate zu schaffen. Sich die Kondition erst auf den Brettern zu erarbeiten, ist meist gefährlicher. Ein Skitag macht doch erst richtig Spaß, wenn man auch bei der letzten Abfahrt noch Luft zum Jodeln hat!"

Christian Neureuther - Ex-Slalomstar

„Klar, Skirennläufer haben Kondition, doch der Fittere gewinnt immer! Der Skisport bietet für jedermann unglaubliche Dimensionen, die aber nur durch körperliche und geistige Fitness erreichbar sind. Aus diesem Grund ist dieses Buch so wichtig und lesenswert."

II EINLEITUNG

Wenn man alte, junge, schlechte oder gute Skifahrer, Freeskiier, Telemarker oder Rennläufer nach dem Reiz der Sportart Skifahren, nach dem Warum fragt, wird man nie ganz schlau dabei. Die einen mögen die Geschwindigkeit, die anderen wiederum das Naturerlebnis, manche die psychischen oder physischen Herausforderungen, die Gruppendynamik, wieder andere den Egotrip, das Risiko, die Perfektion, den Erfolg, die Erholung, ...

Die vielen verschiedenen Antworten hören sich erst sehr unterschiedlich und für manche auch verrückt an. Wenn man jedoch genauer hinhört und auch hinschaut, erkennt man oft eine wunderbare und zufrieden stellende Gemütslage der Befragten – FASZINATION. Da wird wild gestikuliert, die Augen fangen an zu leuchten, die Hände werden feucht und die Oberschenkel werden warm.

Dieses Buch ist nicht dazu gedacht, das WARUM, die Faszination des Skifahrens zu finden, denn wir wollen und können dieses einmalige Wintervergnügen an sich nicht reduzieren. Vielmehr ist es unsere Intention, Ihnen einen Fitness- und Trainingsleitfaden an die Hand zu geben, um einerseits im Winter sicherer, schneller und intensiver die Faszination des Skifahrens zu erleben, aber auch andererseits den Weg dahin als eine Bereicherung des Alltags zu empfinden.

Die Topathleten der Skiszene wissen zu genau, dass erst eine hervorragende körperliche Fitness vorhanden sein muss, um in extremen Situationen die notwendige Technik effektiv einzusetzen, um schnell von A nach B zu kommen. Sie wissen außerdem, dass eine hervorragende körperliche Verfassung die beste Lebensversicherung darstellt.

Gleichgültig, ob es Ihr Ziel ist, die Streif zu gewinnen, einen Drop-in über die noch zu hohe Klippe zu machen, einen 720° zu drehen, die schönste Spur in den unberührten Tiefschneehang zu legen oder nur den Urlaub ohne Muskelkater und Verletzungen zu überstehen, fitter geht es sicher leichter und ein wenig einfacher. Und wir wetten mit Ihnen, dass Sie auch noch einige weitere und angenehme Begleiterscheinungen bemerken werden.

III DIE GANZHEITLICHE PHILOSOPHIE VON FITNESS & TRAINING IM SKISPORT

In den letzten Jahren konnte man eine starke Ausdifferenzierung des Skisports beobachten. Die Grenzen der einzelnen Bereiche sind fließend, da viele Skifahrer oft mehrere Arten des Skifahrens ausüben.

Was hat sich aber durch die Verfeinerung der verschiedenen Arten, „ins Tal" zu kommen, geändert? Wir glauben, dass durch die Ausdifferenzierung allen auch neue Möglichkeiten geboten wurden, das Skifahren viel individueller auszuüben. Wir glauben, dass fast jeder ein ganz persönliches WARUM und die individuelle FASZINATION draußen in der weißen Pracht finden kann.

„Wiedergeburt" des Telemarkens

Das Motto „free your heel and your mind will follow" prägte in den letzten Jahren die neu entdeckte Leidenschaft, das Telemarken. Wurden noch in den frühen 90er Jahren die Telemarker als bunte Vögel schräg begutachtet, findet man mittlerweile fast in jedem Skigebiet genügend Telemarker, die, je nach Neigung, die ursprünglichste Art des Skifahrens ausüben. Manche zieht es nach einer Skitour in die unberührten Hänge, andere toben sich in der Halfpipe oder im Funpark aus oder carven auf den präparierten Pisten.

Freeskiing

Das freie Skifahren abseits der präparierten Pisten wurde schon immer von den Skitourengehern praktiziert. Immer mehr wird jedoch der Weg vom Gipfel nicht nur ein Weg ins Tal, sondern ein Ausloten des Machbaren, ein Ausdruck der Persönlichkeit, ein Thrill und eine sportliche Herausforderung. Ob mit Lift oder zu Fuß nach oben: Die Linie, Sprünge, der Style sowie eine Mischung aus Risiko, Genuss und Selbsterfahrung kennzeichnen den Weg nach unten.

Carving

Es ist eine abendfüllende Diskussion, ob das Carven von den Skifahrern kommt und von den Snowboardern verfeinert wurde, oder die Snowboarder die Entdecker waren. Gut ist sicherlich, dass das Carven und die stärker taillierten Ski auf jeden Fall nicht nur für die Industrie, sondern für alle Skifahrer eine absolute Bereicherung darstellen und aus keiner Disziplin des Skifahrens wegzudenken sind. Radikalere und engere Kurven, die Möglichkeit, auch enge Radien ohne Rutschen auf Zug durchzufahren, extreme Kurvenlagen und hohe Fliehkräfte, mit oder ohne Stöcke, ... Bewegungsabläufe, die anstecken.

Sind die Carvingski auch wirklich so gefährlich? Führen die starke Taillierung und kürzere Ski dazu, dass die Skifahrer schneller extremen Kräften ausgesetzt werden, schneller verschneiden? Nach bisherigen Erfahrungen ist die Verwendung des neuen Skityps nicht mit einer erhöhten Unfallgefahr verbunden – zumindest nicht im Breitensport.

Im Leistungssport sieht das anders aus. So ist die Diskussion um die Sicherheit von Carvingski vor allem durch die häufigeren und spektakulären Stürze bei Rennsportlern entfacht worden. Tatsächlich haben die neuen Ski die Leistungssportler noch näher an die Grenzen der Belastbarkeit gebracht. Eine ganz andere Fahrtechnik, etwa beim Riesenslalom, ermöglicht es, einen viel direkteren Weg und trotzdem ohne Rutschen und dadurch auch ohne Geschwindigkeitsverlust zu fahren.

Sind diese Risiken auf den Breitensport übertragbar? Wir meinen nicht. Die Carvingski sind für die Ungeübten durch die kürzeren Längen leichter zu drehen und dadurch für Untrainierte auch sicherer. Zudem muss man ganz klar festhalten, dass zwar viele Skifahrer die neuen Ski haben, jedoch das Fahren auf der Kante noch nicht beherrschen, da es zwar schneller, aber nicht im Handumdrehen erlernt werden kann. Es ist gerade die Mannigfaltigkeit der Anforderungen, die auf der einen Seite für die Fülle der Faszinationsmöglichkeiten sorgt, auf der anderen Seite die Sportart auch sehr anspruchsvoll werden lässt.

Bevor wir uns mit dem Schwerpunkt des Buches, dem Fitnesstraining, ausführlich beschäftigen, möchten wir gerne verdeutlichen, wie viele Einflussgrößen beim Skifahren eine Rolle spielen.

Material

Gerade im Bereich Materialentwicklung hat sich in den letzten Jahren sehr viel bewegt. Die Vorteile der neuen Skimodelle bringen den meisten Skifahrern den Spaß viel näher. Nicht nur im Bereich Ski hat sich Wesentliches getan, auch im Bereich Skibindungen, Skischuhe, Skistöcke, Skibrillen und Bekleidung wurden erhebliche Verbesserungen und Erleichterungen etabliert.

Sicherheitsbindungen, stabilere Skischuhe, leichtere Skistöcke, nichtbeschlagende Skibrillen und warme, Wasser abweisende und trotzdem atmungsaktive Bekleidungsmaterialien sorgen für sichereren und einfacheren Spaß in der Natur. Die richtige Wahl des Materials ist jedoch eine wichtige Voraussetzung dafür.

Wetter

Skifahren wird zum großen Teil (neuerdings auch in einigen Skihallen) in der freien Natur ausgeübt. Die Witterungsverhältnisse sind von uns, Gott sei dank, nicht zu manipulieren, jedoch sollten wir lernen, diese möglichst subjektiv einzuschätzen. Die Schneeverhältnisse, Schneebeschaffenheit, Temperaturen, Luft und Schneefeuchtigkeit, Sichtverhältnisse und Windaspekte sind einzelne Einflussgrößen, die einander beeinflussen und natürlich auch bei der Ausübung des Skifahrens eine Rolle spielen.

Mensch

Und zuletzt sind da noch wir, die Glücksritter, die in den Genuss des Skifahrens kommen. Alle unsere Fähigkeiten wirken sich auch auf das Skifahren aus und die sportliche Leistung wiederum auf die Fähigkeiten.

⇨ Psychische Verfassung

Eine Kombination von mentalen Fähigkeiten, die über Angst, Mut, Risiko, Vertrauen und Selbstbewusstsein und damit Erfolg und Scheitern, Spaß und Tortur entscheidet.

⇨ Die kognitiven Fähigkeiten

Die Fähigkeit des Einzelnen, mit gezielten Filtern mit der Fülle von Informationen umzugehen und eine Umsetzung der Erkenntnisse in bestimmte Verhaltensänderungen durchzuführen.

Die technischen Fähigkeiten

Das sichtbare Können auf der Piste, in unterschiedlichen Situationen und bei unterschiedlichen Verhältnissen stets die passende Fahrtechnik anzuwenden.

Taktische Fähigkeiten

Diese Fähigkeiten beinhalten bewusste Entscheidungen bezüglich der Linienwahl, des Risikos, der Materialwahl ...

Physische Fähigkeiten

Diese Komponente beinhaltet Bereiche wie Kraft, Schnelligkeit, Ausdauer, Koordination, Beweglichkeit und Kondition.

Das Verzwickte an der ganzen Geschichte ist die Tatsache, dass fast alle Faktoren mit allen anderen in einer Wechselbeziehung stehen und diese direkt oder indirekt beeinflussen. Wenn man sich diese Ursächlichkeit vor Augen führt, wird einem klar, dass die sportliche Leistung oder der sportliche Spaß nur so stark und ausgeprägt sein kann, wie das schwächste Glied in diesem Gebilde. Es bedeutet, dass alle Bereiche im Idealfall, je nach Zielsetzung des Einzelnen, mit unterschiedlichem Engagement abgedeckt werden sollten.

Welche Fähigkeiten sind aber die Wichtigsten? Diese Frage ist pauschal nicht zu beantworten, da die Antwort, je nach den Voraussetzungen und den Zielsetzungen des Einzelnen, stark variiert. Am universellsten im Sinne der Einflussnahme auf andere Fähigkeiten und im Sinne der Nutzung im ganzen Leben scheint uns jedoch die physische Verfassung zu sein, die körperliche Fitness.

Die Reduktion der Fitness auf die Aufgabe eines Vehikels zu verschiedenen Zwecken scheint uns jedoch zu dürftig zu sein, um auf die Dauer die notwendige Motivation zum regelmäßigen Training aufrechtzuerhalten. Vielmehr glauben wir, dass auch der Weg zur Fitness und der Fitnesserhaltung ein Erlebnisweg ist, wie das Skifahren selbst. Ein Weg als Ziel, gespickt mit vielen angenehmen Erfahrungen und Überraschur gen, den es sich lohnt zu gehen.

IV KONDITIONELLE VORBEREITUNG IM SKISPORT

Konditionelles Anforderungsprofil und Leistungsmerkmale im Skisport

Durch die bereits angesprochene starke Ausdifferenzierung der „Spielwiese Skifahren" sind auch die Anforderungsstrukturen für die Vorbereitung, je nach Schwerpunkten und einzelnen Vorlieben, stark unterschiedlich. Das Skifahren fordert im Gegensatz zu anderen Volkssportarten fast in allen begrifflichen Teilbereichen der Fitness viel ab.

⇨ Ausdauer

Es sollte berücksichtigt werden, dass die tatsächlichen Belastungen sich nicht nur auf die Dauer der Fahrten beschränken. Auch der längere Aufenthalt in der kalten Winterumgebung und den meist ungewohnten Höhen erfordert einen größeren Energieumsatz und somit erhöht sich die Gesamtbelastung des Körpers. Gute Ausdauer hilft, auch die letzten Fahrten sicher zu bewältigen und den neuen Tag regeneriert in Angriff zu nehmen.

⇨ Kraft

Im Spitzensport sind kurzfristige Belastungen von bis zu 800 kg während des Schwungverlaufs gemessen worden. Diese Kräfte wirken nicht nur auf die Beinmuskulatur, sondern auf den ganzen Körper. Eine stabile und kräftige Rumpfmuskulatur ist genauso wichtig und notwendig wie kräftige Oberschenkel.

⇨ Schnelligkeit

Eine gut ausgebildete Grundschnelligkeit ermöglicht es, in allen Situationen Kontrolle über die Ski zu behalten. Natürlich braucht man hierfür die notwendige Technik, jedoch wird man stets leichter, sicherer und schneller am Ende reagieren können, wenn die notwendigen Schnelligkeitsvoraussetzungen mitgebracht werden, um die Bewegungen schnell und gezielt umzusetzen.

Beweglichkeit

Wie bei fast allen Sportarten erweitert die Beweglichkeit den Bewegungsradius und bietet die Bewegungsmöglichkeiten. Zudem bietet eine ausreichende Beweglichkeit eine gute Verletzungsprophylaxe.

Koordination

Skifahren beinhaltet komplexe Bewegungsabläufe auf allen Ebenen und Geschwindigkeiten, eingebettet in eine variable Abwärtsbewegung mit unterschiedlichen Widerständen, im variierenden Gelände, in Interaktion mit physischen, psychischen, kognitiven und technischen Variablen. Ganz kurz gesagt: „Skifahren ist anspruchsvoll!"

Allein die konditionellen und koordinativen Anforderungen im alpinen Weltcup in den verschiedenen Disziplinen weisen enorme Unterschiede auf. So muss ein Abfahrtsläufer auf Grund der zeitlichen Anforderungen (Belastungen bis zu 2:30 min) ganz andere Ausdauer- und Kraftvoraussetzungen in den Winter mitbringen als ein Slalomfahrer, der „lediglich" mit einer Belastungsdauer von ca. 50 Sekunden zu rechnen hat. Diese speziellen Anforderungen sind jedoch sehr stark durch die Zielsetzung geprägt, der Beste zu sein. Auch die koordinativen Anforderungen sind sehr komplex und unterschiedlich. Als Beweis hierfür dienen die immer weniger werdenden Athleten, die alle Disziplinen erfolgreich bestreiten.

Ein zeitgemäßes Training für den Skisportler ist sehr abwechslungsreich und entwickelt einen sehr vielseitig und funktionell ausgebildeten Athleten ohne große Schwächen, der in vielen anderen Sportarten bestehen wird. Nicht umsonst schneiden die Skistars im Disziplinvergleich mit am besten ab. So kann ein Kjetill-Andre Aamodt mit Leichtigkeit einen Spagat, gleichzeitig aber auch ohne Probleme jederzeit einen Salto vorwärts aus dem Stand springen. Alle guten Skisportler beherrschen das Balancieren auf dem Drahtseil oder das Einradfahren und nicht selten haben sie Kraftwerte, die nur von Bobfahrern oder Gewichthebern überboten werden.

Diese Leistungsmerkmale beruhen auf unterschiedlichen persönlichen Zielsetzungen und unterschiedlichen individuellen Voraussetzungen; sie verlangen demzufolge stets individuelle Anforderungsprofile.

Es ist nicht unser Anspruch in diesem Buch, die letzten Reserven bei Ihnen zu mobilisieren. Wir bezweifeln auch, dass ein allgemein gültiger Leitfaden jemals pauschal verwirklicht werden kann, da man stets sehr viele variierende und individuelle Faktoren bei dem Anspruch, der Beste zu werden, individuell und situativ berücksichtigen muss. Vielmehr wollen wir Ihnen einige grundlegende Tipps und Ideen an die Hand liefern, um gerüstet in den Winter zu gehen. Auch finden Sie nachfolgend hoffentlich neue Übungen und Trainingsansätze und dadurch vielleicht auch neue Motivation, um fitter in den kommenden Winter zu starten. Wenn dieses Buch es schafft, Ihnen den Entschluss zu erleichtern, sich für den kommenden Winter besser vorzubereiten, haben wir unser Ziel erreicht!

Praktische Konsequenzen für das Training

Wie man aus dem Anforderungsprofil und den zahlreichen Möglichkeiten, modernen Skisport zu betreiben, erkennen kann, sind die Schlussfolgerungen für die Trainingspraxis sehr komplex. Auf Grund der eindeutig praxisorientierten Richtung in diesem Buch sind nicht die theoretischen Zusammenhänge, sondern für jeden Trainer und Sportler nachvollziehbare Schlussfolgerungen für die Trainingspraxis Hauptbestandteil dieses Buches. Wir weisen in diesem Zusammenhang darauf hin, dass die Inhalte und Trainingsprogramme dem internationalen Leistungssport entnommen und für große Zielgruppen angepasst worden sind, um möglichst vielen Skisportlern ein qualitativ hochwertiges Training zu ermöglichen.

Abb 1.: Regelkreis der Leistungssteuerung

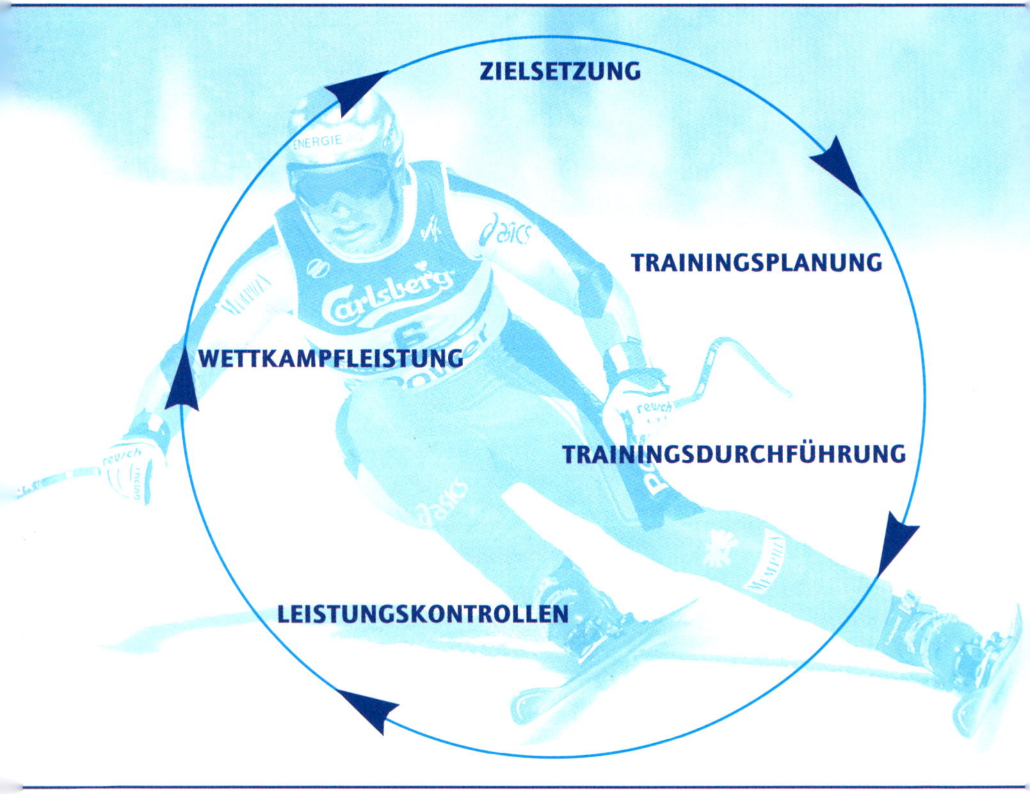

Leistungssteuerung

Leistungssteuerung ist im modernen Training nicht mehr wegzudenken. Im Hochleistungssport versucht man, auf den wichtigsten Wettkampf hin in Bestform zu gelangen.

Das Training wird in Etappen eingeteilt. Man setzt sich Ziele und versucht, die geplanten Trainingsinhalte, Übungen und Methoden in die unterschiedlichen Trainingsblöcke optimal einzubauen. Es werden Leistungskontrollen durchgeführt und die Leistung nahezu täglich analysiert, um wiederum das Training optimal an die aktuelle Form anzupassen. Regenerationsmaßnahmen werden eingesetzt, Belastungs- und Erholungsrhythmen müssen beachtet werden, um die eigene Leistung immer weiter zu verbessern und die angestrebten Wettkampfleistungen zu erbringen.

Sowohl im Fitnessbereich als auch im Skisport sind diese Gedanken für ein erfolgreiches Konditionstraining sehr wichtig und stellen für den einzelnen Sportler die Grundlage des Trainierens dar.

Trainingsziele

Im Leistungssport sind die Ziele oft die entscheidenden Faktoren, sie besitzen jedoch auch für jeden trainierenden Sportler Gültigkeit. Im Skisport können es sehr vielschichtige Ziele sein, die man verfolgt:

Zu den allgemeinen Zielen zählen:

- Einen Skitag noch fit zu beenden.
- Eine extrem schwierige Abfahrt am Stück zu befahren.
- Funcarvingkurven ohne größere Krafteinbußen am Stück zu bewältigen.

Spezifische Ziele können sein:

- Erreichen von altersgemäßen konditionellen Kenngrößen (Kraftwerte, Schnelligkeitswerte, Ausdauerwerte).
- Erlernen von spezifischen koordinativen Übungen, wie zum Beispiel Turnübungen oder Gleichgewichtsübungen.

Die konsequente Umsetzung der Trainingspläne und der dazugehörenden Programmen stellt in beiden Fällen eine wichtige Voraussetzung dar. Im Leistungs- bzw. Hochleistungssport ist es unbedingt notwendig, die Zielsetzung für das Training an den individuellen Gegebenheiten und am aktuellen Leistungsstand zu orientieren. Man sollte eigene Stärken und Schwächen analysieren und die Zielsetzung als Grundlage für das Erreichen eines noch höheren Niveaus oder sogar des Spitzenniveaus ansehen. Als Grundlage für die Ziele im Konditionstraining des Skisportlers sollte der Grundsatz gelten, dass man bei den vielschichtigen Anforderungen keine großen Schwächen haben sollte. Ein Sportler, der über herausragende Ausdauerleistungsfähigkeit verfügt, dafür aber große Schwächen im Bereich der Umsetzung der motorischen Kraft oder der vielseitigen Bewegungstechniken zeigt, kann nicht als Idealbild für das optimale konditionelle Niveau eines Skisportlers betrachtet werden. Einen Skisportler sollten ausgewogene, vielseitige Fähigkeiten in jedem Leistungsbereich ausmachen. Für das Setzen eigener Leistungsziele heißt das meist: Schwächere Fähigkeiten verbessern und bessere Fähigkeiten stabilisieren. Hierzu bedarf es jedoch einer gezielten und ehrlichen Analyse.

Die Trainingsziele bilden die Grundlage für die Trainingsplanung. Für ein erfolgreiches Konditionstraining abschließend noch einige Praxistipps in Bezug auf die Festlegung der Trainingsziele:

- Realistische, erreichbare Ziele setzen. Vor allem für das nachfolgende Training ist es sehr wichtig, das Zeitbudget für das Training zu analysieren.
- Ziele müssen nicht immer primär etwas mit Leistungsverbesserung zu tun haben, sondern können auch sekundär gestaltet sein, z. B.:
  - ❑ Ich trainiere mit mehr Spaß.
  - ❑ Ich möchte Arbeit, Skisport und Familie in optimalen Einklang bringen.
  - ❑ Ich möchte täglich etwas für meinen Körper und für mein persönliches Wohlbefinden tun, auch wenn es nur einige Minuten sind.
  - ❑ Ich probiere immer wieder neue Übungen und neue Trainingsstrecken aus, o. Ä.

Das Ziel ist das Ende einer Strecke, aber auch der Weg kann das Ziel sein. Die Motivation ist der Wegweiser für das Erreichen eines Ziels.

Trainingsplanung

Für den aktiven Skisportler stellen Trainingspläne jeglicher Art sinngemäß die Werkzeuge für das Erreichen von Trainingszielen und die Anleitung für die Trainingsdurchführung dar.

Man unterscheidet zwischen langfristigen Trainingsplänen wie den mehrjährig angelegten Rahmentrainingsplänen der Leistungssportverbände, den Jahrestrainingsplänen, den Trainingsetappen oder Abschnittsplänen und den Makrozyklen, die sich meist über mehrere Wochen bzw. bis zu maximal drei Monaten hinziehen können. Als kleinstes Segment bezeichnet man die Tagestrainingsplanung bzw. die Planung der einzelnen Trainingseinheiten.

Je länger die Planung ausgerichtet ist, desto abstrakter und allgemeiner sind die Vorgaben. Je kürzer die Planung ist, desto präziser und genauer sollten die Inhalte definiert werden. Das für die Zielgruppe dieses Buches wichtigste Planungsmaß ist der Wochenplan bzw. die Trainingseinheit mit den dazugehörenden Trainingsprogrammen. Mehrere Beispiele von Wochentrainingsplänen für unterschiedliche Leistungsgruppen sind in Kapitel 5 aufgelistet. In der Trainingspraxis ist es für den Leistungssportler, genauso aber für den Fitnesssportler und den jungen Nachwuchsskifahrer unabdingbar, dass man aufgestellte Pläne immer wieder korrigiert und den aktuellen Gegebenheiten wie körperlichem und psychischem Zustand sowie den beruflichen oder schulischen Verpflichtungen anpasst.

Der beste Trainingsplan ist umsonst, wenn er nicht eingehalten werden kann. Ein Trainingsbaustein, vor allem für Sportler, die ihre Fitness für den Skisport ohne großen Leistungssportgedanken verbessern möchten, besteht im Entwickeln eines „Trainingsgefühls" (Beanspruchungsgefühl, Tempogefühl, Körpergefühl, ...), ein Grundstein für den Spaß und Erfolg an der Leistungsverbesserung.

Die Trainingseinheit bzw. das durchgeführte Training kann zwischen 30 Minuten bei Programmen zur Entspannung oder Beweglichkeitsverbesserung und mehreren Stunden bei langen Ausdauereinheiten im Grundlagenbereich variieren. Durch die Vielseitigkeit im Skisport ist ein koordinatives Aufwärmen (Warm-up) und ein entsprechendes Abklingen des Trainings (Cool down) sehr wichtig. Im Leistungssport werden nach Ausdauereinheiten oder Krafteinheiten noch einige Koordinationsübungen (Steigerungsläufe, Sprungvariationen, Übungen zur Regulation des Gleichgewichts, Frequenzübungen wie Tappings oder Skippings, ...) gemacht, um die Motorik, aber auch die Muskulatur zu fordern und langfristig auf ein qualitativ sehr hochwertiges Bewegungsniveau zu bringen. Die üblichen

HEAD
HEAD

Inhalte zum Aufwärmen wie das Warmlaufen, Warmfahren, koordinative Übungen, Stretching und Mobilisations- bzw. allgemeine Kräftigungsübungen sollten natürlich die Regel sein und in keiner Trainingseinheit vernachlässigt werden.

Als Cool down eignen sich Maßnahmen wie Auslaufen, Ausfahren, Stretching und Beweglichkeitsübungen, Übungen aus dem Bereich Yoga und Körperspannungsübungen. Als Fitnesssportler sollte man immer daran denken, dass vor allem beim Aufwärmen nicht nur der Körper, sondern auch die mentale Einstellung und die Motivation aktiviert werden sollten. Die Hirnhälften sollten, wenn möglich, in jedem Training so zusammenspielen, dass ein positives Trainings- und Körpergefühl entsteht.

Ein Beispiel für einen Wochenplan im Zeitraum Juni/Juli/August wird auf der folgenden Seite gezeigt.

Zielgruppe: Fit in den Winter ohne Leistungssportgedanken bei ca. vier Trainingseinheiten/Woche.

BEISPIEL FÜR EINEN WOCHENPLAN

Tag/ Datum	Art des Trainings (Strecke – Ort)	Trainingsinhalt (Übungen – Belastung)	Dokumentation/ Bemerkungen
Mo.	Ausdauer GA – MTB Runde mit KA am Berg.	GA II – EB-Bereich mit Kraftausdauer. Dauer ca. 90 min. Pulsbereiche 145-175.	Bergab auf gute Downhill-Technik achten, Spaß haben.
Di.	Frei oder andere Sportart		
Mi.	Kraft – Muskelaufbau-basistraining für viele Muskelgruppen in Verbindung mit Kräftigung und Gleichgewicht.	Prinzip der Reizausschöpfung 12-15 WH, 4-6 Sätze, mittlere Geschindigkeit, siehe Basisprogramm Beine und Oberkörper als Zirkelform. Zwischen den Kraftübungen immer Gleichgewichtsübungen einbauen, Dauer ca. 120-180 min.	Gymnastik und Mobilisationsübungen als Cool down, Rumpftraining ins Warm-up einbauen.
Do.	Frei bzw. Schnellkraft-koordinationssport, z. B. Tennis, Ballspiel oder Inlineskating etc.		
Fr.	Kraft – Schnellkraft mit Koordinations- und Schnelligkeitsübungen.	2-3 Übungen für die Beine SK oder Leistungstraining, ca. 40-60 % Last, schnelle und reaktive Ausführung, ca. 8-10 WH oder ca. 20 Sekunden, mit Sprungserien, Imitationsübungen.	Gut warmmachen und auf beste Bewegungstechnik und hohe Bewegungsgeschwindigkeit achten.
Sa.	Ausdauer GA mit Rad oder Lauf bzw. Hiking, eventuell mit integrierten Intervallen.	GA I – II mit eventuell 3-5 extensiven Intervallen (z. B. 5 * 1 min). Dauer: mehrere Stunden. Pulsbereich bis ca. 160 (Intervalle bis maximal 180).	
So.	Frei oder alternative Sportart oder Power-Yoga, Stretching und Kräftigungsübungen für den Rumpf, Regenerationslauf.	Ca. 60 min.	Ganzheitliches Erfassen des Lebens, Ziele setzen für die neue Woche.

Durchführung des Trainings – Trainingssystematik

Der Skisport ist eine der komplexesten Sportarten. Das Konditions- und Fitnesstraining schafft Voraussetzungen, um im Winter schnellere Zeiten und bessere Platzierungen zu erreichen oder sicherer und mit mehr Spaß den Winter zu erleben.

Die Trainingssystematik für den Skisportler ist so aufgebaut, dass es immer möglich wird, eine kleine Trainingseinheit für die Rumpfkräftigung oder koordinative Übungen zum Gleichgewicht oder zur Verbesserung der allgemeinen und spezifischen Bewegungsmotorik zu absolvieren.

Der Skisport ist sicherlich eine der spektakulärsten und dynamischsten Sportarten. Das Training und die Trainingsidee sollten deshalb genauso euphorisch und dynamisch gelebt werden.

Einige Hinweise zur Durchführung eines effektiven Konditions- und Fitnesstrainings im Skisport:

- Vielseitiges Training und abwechslungsreiche Inhalte stehen im Vordergrund.
- Allgemeine Inhalte (Grundlagenausdauer, Muskelaufbau, Stabilisationstraining, ...) gezielt mit speziellen Inhalten kombinieren (speziell Koordinationsübungen, Schnellkraft- und Kraftausdauertraining).
- Für ein gezieltes Leistungstraining ist es notwendig, dass man gewisse Inhalte, wie Kraftfähigkeiten und Ausdauerfähigkeiten in einem intensiven Block trainiert, um eine größere Leistungssteigerung zu erreichen.
- Bei Trainingseinheiten mit mehreren Inhalten sollten Schnelligkeits- bzw. motorisch schwierige Inhalte am Beginn der Trainingseinheit stehen.
- Das vielseitige Training bedeutet auch Belastungs- und Adaptionsmechanismen in komplexer Form; d. h., Erholungszeiten müssen nicht nur auf das rein körperliche, sondern auch auf das ganzheitliche Wohlbefinden (Körpergefühl, Motivationslage, ...) abgestimmt werden.
- Der Spaßfaktor soll immer wieder im Vordergrund stehen.

Trainingsinhalte, Methoden und Übungen

Die allgemeine Trainingslehre und die modernen Erkenntnisse der Sportwissenschaft in Verbindung mit den Erkenntnissen aus dem Leistungssport zeigen nahezu täglich, mit welcher Übung oder mit welcher Methode das Training noch effektiver gestaltet werden kann. Zahlreiche Publikationen weisen auf immer neuere und noch effektivere Trainingsformen hin. Jede konditionelle Fähigkeit hat ihre eigenen Methoden, z. B. Dauer- oder Intervallmethoden im Ausdauerbereich, Muskelaufbau-, Maximalkraft-, Muskelleistungs- oder Kraftausdauermethoden im Kraftbereich, Wiederholungsmethoden oder Serienintervallmethoden im Koordinations- oder Schnelligkeitstraining. Da dieses Buch eindeutig auf die Trainingspraxis und auf den Spaß am skisportlichen Training ausgerichtet ist, wird auf diese Theorie unter diesem Kapitel bewusst verzichtet und gezielt in Kapitel 5 jeweils bei den Trainingsprogrammen zu den einzelnen konditionellen Fähigkeiten beschrieben. Wir wollen die jeweiligen Inhalte mit den dazugehörigen Methoden und Übungen jeweils sofort nachvollziehbar darstellen. Folgende Punkte werden jedoch hier gewissermaßen als Trainingstipps zusammengefasst:

- Trainingsumfang und Trainingsintensität ergeben in Verbindung mit der Pausengestaltung die Trainingsmethode. Je umfangreicher das Training gestaltet ist, desto mehr dient es den Grundlagen (Ausdauergrundlagen, Kraftgrundlagen). Je intensiver ein Training ist, desto spezifischer sind die Trainingseffekte (spezifische anaerobe Ausdauer, Maximalkraftfähigkeiten).
- Trainingsumfang und -intensität kompensieren sich gegenseitig; d. h., je intensiver ein Training ist, desto geringer sind die Trainingsumfänge und je umfangreicher ein Training ist, desto intensiver sind die Belastungen. Ein Training mit hohen Umfängen und hohen Intensitäten ist dem Hochleistungssportler vorbehalten.
- Trainingsumfänge und -intensitäten ergeben sich aus: der Dauer einer Trainingseinheit, aus den Belastungswerten, z. B. Fahr- oder Laufgeschwindigkeiten oder den Pulswerten, den Zusatzlasten mit der entsprechenden Bewegungsgeschwindigkeit, den zurückgelegten Strecken bzw. Belastungszeiten, den Wiederholungen und Sätzen, der Pausendauer und der Pausengestaltung.
- Trainingsmethoden sind meist allgemein gültig, für das optimale individuelle Training ist jedoch nicht jede Trainingsmethode gleich wirksam. Eigene Trainingserfahrungen können oft noch effektiver sein als vorgegebene Standards.

Trainings- und Leistungskontrollen

Modernes Training heißt meist kontrolliertes Training. Bei reinen Ausdauersportarten (Lauf, MTB, Rad, Skilanglauf, ...) oder aber reinen Kraftsportarten ist die Leistungsdiagnostik der „Leistungszubringerwerte" unabdingbar und sehr oft mit der eigentlichen Leistung in Verbindung zu setzen.

Im Skisport, wo eine große Vielzahl konditioneller Faktoren die Leistung auf den Skiern ausmachen kann, ist ein direktes Verhältnis mit allen Leistungswerten nicht unbedingt vorhanden. So kann man jedoch aus Erfahrungen bei Weltspitzenläufern feststellen, dass vor allem im Kraftausdauerbereich, im komplexen Koordinationsbereich und im Bereich der Maximalkraftfähigkeiten hohe bis sehr hohe, über dem Durchschnitt liegende Werte vorhanden waren bzw. vorhanden sind.

Leistungskontrollen im Leistungssport sind biomechanische oder sportmedizinische Verfahren, mit deren Hilfe man Kraft-, Schnelligkeits-, Beweglichkeits- und Ausdauerkennwerte bestimmt. Für die Trainingspraxis im Fitnessbereich und Nachwuchsleistungssport reichen oft sportmotorische Kontrollen aus, um den Leistungsstand in den einzelnen Fähigkeiten festzustellen.

Das bereits beschriebene Körper- und Leistungsgefühl für den eigenen Körper spielt auch hier eine sehr große Rolle; denn nur, wenn man wirklich gewillt und motiviert ist, sollte man sich in seiner Leistung überprüfen.

Nachfolgende Tabelle zeigt eine kleine Auswahl an Möglichkeiten sportmotorischer Tests für den Fitnessbereich.

ÜBERSICHT EINFACHER TESTMÖGLICHKEITEN VON

Testübung	Testbeschreibung
Balancetest seitlich	Auf einem gespannten Stahlseil ca. 5 m oder auf einer Gleichgewichtsstange vor- und zurückgehen (1 min) oder Bahnen vorschreiben, z. B. vier Bahnen (zwei Versuche).
Balancetest vor/rück	Auf einem gespannten Stahlseil ca. 5 m oder auf einer Gleichgewichtsstange seitlich stehend in der Abfahrtshocke, je nach Niveau 30 Sekunden bzw. bis zu 2 min als Vorgabe (zwei Versuche).
Kraftleistungstest Beinstreckmuskulatur	In der Beinpresse oder z.B. auch mit mittleren Kniebeugen ca. 90° mit mittlerer Last ca. 50-60 % der Maximallast, so viele Wiederholungen wie möglich.
Kraftleistungstest Oberkörpermuskulatur vorderer Bereich bzw. hinterer Bereich	Bankdrücken bzw. Bankziehen mit mittlerer Last ca. 50-60 % der Maximallast, so viele Wiederholungen wie möglich.
Kraftausdauer beinspezifisch	Abfahrtshocke (ca. 90° Kniewinkel), regulativ auf einem Kippbrett stehend, maximale Dauer.
Schnellkraftfähigkeiten bzw. Schnellkraftausdauer	Beidbeinige Seriensprünge über ca. 20 cm hohe Hürde seitlich 20 Sekunden eventuell auch 40 Sekunden (SK-Ausdauer) mit maximaler Geschwindigkeit .
Komplexe Rumpfmuskulatur	Rumpfzirkel aus 4-6 Übungen für Bauch, Bauch schräg Rücken, Seite, Gesäß, Ganzkörperspannung zusammenstellen mit WH ca. 30-50 oder Zeitvorgabe ca. 1 min bei Halteübungen.
Allgemeiner Ausdauerleistungstest mit Rad, MTB oder Lauf	Mehrere Praxisvarianten: 3.000-m-Lauf auf der Bahn, Gelände oder Berglauf mit definierter Strecke, MTB bzw. Rad Bergzeitfahren oder definierte Strecke, Belastungsstufentest mit Radergometer (z. B. ab 50 Watt um 25 bzw. 50 Watt steigern) oder Laufband (z. B. ab 8 km/h um 2 km/h steigern) Stufendauer 3 min.

AUSGEWÄHLTEN KONDITIONELLEN FÄHIGKEITEN IM SKISPORT

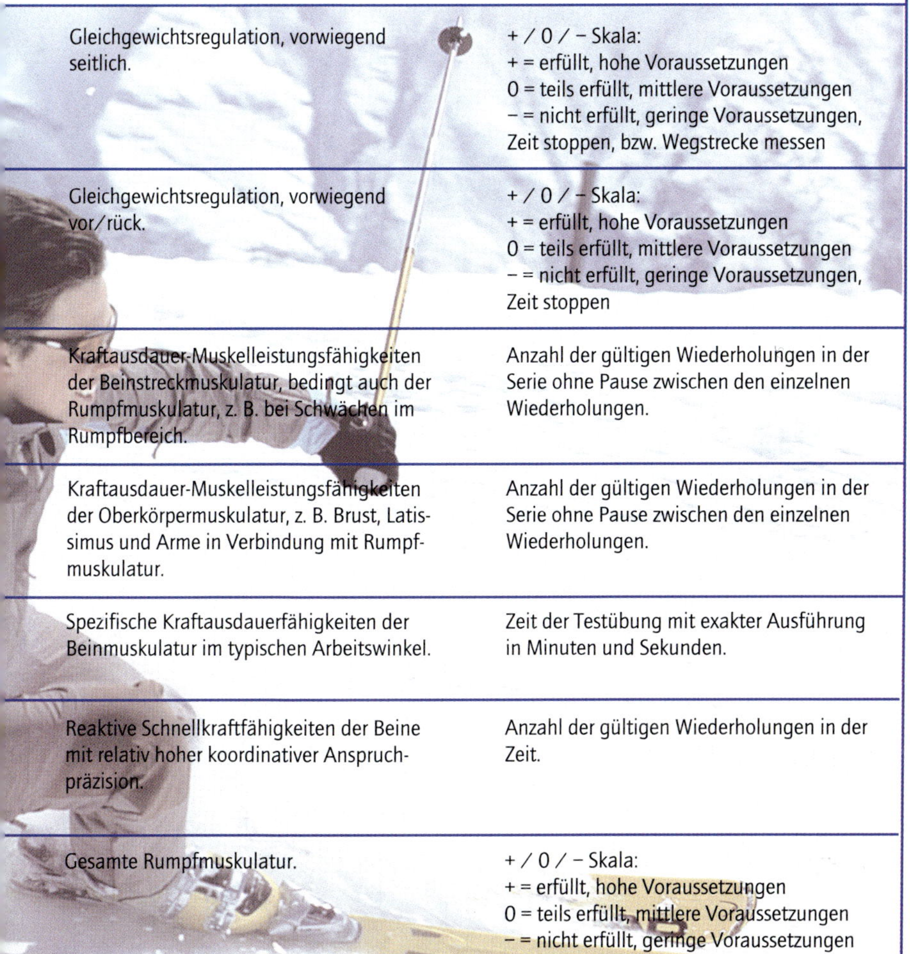

Fähigkeiten	Bewertung, Leistung, Bemerkungen
Gleichgewichtsregulation, vorwiegend seitlich.	+ / 0 / – Skala: + = erfüllt, hohe Voraussetzungen 0 = teils erfüllt, mittlere Voraussetzungen – = nicht erfüllt, geringe Voraussetzungen, Zeit stoppen, bzw. Wegstrecke messen
Gleichgewichtsregulation, vorwiegend vor/rück.	+ / 0 / – Skala: + = erfüllt, hohe Voraussetzungen 0 = teils erfüllt, mittlere Voraussetzungen – = nicht erfüllt, geringe Voraussetzungen, Zeit stoppen
Kraftausdauer-Muskelleistungsfähigkeiten der Beinstreckmuskulatur, bedingt auch der Rumpfmuskulatur, z. B. bei Schwächen im Rumpfbereich.	Anzahl der gültigen Wiederholungen in der Serie ohne Pause zwischen den einzelnen Wiederholungen.
Kraftausdauer-Muskelleistungsfähigkeiten der Oberkörpermuskulatur, z. B. Brust, Latissimus und Arme in Verbindung mit Rumpfmuskulatur.	Anzahl der gültigen Wiederholungen in der Serie ohne Pause zwischen den einzelnen Wiederholungen.
Spezifische Kraftausdauerfähigkeiten der Beinmuskulatur im typischen Arbeitswinkel.	Zeit der Testübung mit exakter Ausführung in Minuten und Sekunden.
Reaktive Schnellkraftfähigkeiten der Beine mit relativ hoher koordinativer Anspruchpräzision.	Anzahl der gültigen Wiederholungen in der Zeit.
Gesamte Rumpfmuskulatur.	+ / 0 / – Skala: + = erfüllt, hohe Voraussetzungen 0 = teils erfüllt, mittlere Voraussetzungen – = nicht erfüllt, geringe Voraussetzungen
Grundlagenausdauer aerob in Verbindung mit spezifischen Ausdauerfähigkeiten anaerob.	Absolvierte Zeit mit Pulskontrolle, bei Stufentest absolvierte Stufen mit Pulskontrolle.

Trainingsdokumentation

Als letzter Teil in diesem Kapitel wird noch kurz auf die Dokumentation des Trainings eingegangen. Sowohl für Fitness- als auch für Leistungssportler gleichermaßen interessant, im Leistungsbereich jedoch unabdingbar, ist die Dokumentation der Trainingseinheiten. Nur so kann man feststellen, ob man das geplante Training durchgeführt hat oder es der aktuellen Situation angepasst hat. Letztendlich ist nicht die geplante Trainingseinheit, sondern das durchgeführte Training entscheidend.

Für den Skisport ist die Trainingsdokumentation schon auf Grund der vielseitigen Inhalte für einen besseren Überblick wichtig. Eine typische Trainingsdokumentation wird entweder in einer Trainingssoftware, z. B. von POLAR, dargestellt oder, oft praxisnäher, in einem selbst gemachten Formular festgehalten.

Abbildung rechts zeigt einen Vordruck einer Wochentrainingsdokumentation aus dem Nachwuchsleistungssport.

WOCHENTRAININGSDOKUMENTATION			
Tag/ Datum	Trainingsinhalte	Übungen – Belastung Dauer, Intensität, Umfang	Bemerkungen
Mo.			
Di.			
Mi.			
Do.			
Fr.			
Sa.			
So.			

Summe (TE, Std. bzw. min):

Kraft-Basis Beine:............... Kraft-Basis Oberkörper:................ Allg. Kräftigung................

Spez. Schnellkraft/Maximalkraft:......................... Kraftausdauer:....................................

Allg. Schnelligk./Koordination:.................. Spez. Schnelligk./Koordination................

Ausdauer GA:.................. Ausdauer spez:.............................. Regeneration.....................

Beweglichkeit:.................... Spiele/Sportarten:........................ Sonstiges.........................

GESAMT: .... (TE/Std. bzw. min)

HEAD

V TRAININGSPRAXIS – PROGRAMME

In diesem Kapitel lebt die Praxis. Wir haben versucht, jahrelange Erfahrungen als Athleten und Trainer mit den aktuellen Trends des Skisports zu verbinden. Die Hauptzielgruppe dieses Buches sind Kinder, Schüler und Jugendliche, aber auch ambitionierte und verbesserungsinteressierte Skifahrer und Sportler. Die Übungen und Programme stellen eine gezielte Auswahl dar. Alternativübungen, weiterführende Programme, detailliertere Methoden, wie sie in der täglichen Leistungssportarbeit verwendet werden, würden den Rahmen dieses Buches sprengen. Wir haben uns streng an den Vorsatz der Praktikabilität und der Durchführbarkeit für einen großen Sportlerkreis gehalten.

In jedem Unterkapitel wird am Anfang die zu trainierende Fähigkeit beschrieben und die wichtigsten Methoden, Übungen und Trainingsvarianten für die Durchführung des Trainings werden erläutert. Im Anschluss daran werden ausgewählte Trainingsprogramme praxisnah erklärt.

Krafttraining

Wie im Anforderungsprofil ersichtlich, hat sich der Skisport mehr und mehr zum athletischen Kraftsport entwickelt. Nur durch entsprechende spezifische Kraftfähigkeiten ist es möglich, das moderne Skimaterial auszureizen und die moderne Skitechnik zu beherrschen. Weltcupfahrer haben, nach einer Auswertung der Weltcupsaison 2001/2002 vom Internationalen Skiverband F.I.S., im Schnitt ein um ca. 20 % höheres Körpergewicht als die Weltspitze vor 12 Jahren. Man führt diese Massenzunahme hauptsächlich auf die Verbesserung der Kraftfähigkeiten mit der entsprechenden Muskelmassenerhöhung zurück.

Krafttraining im Skisport kann sehr vielfältig gestaltet werden, dabei werden sowohl die Übungen als auch die Methoden variiert. Das Krafttraining sollte auf jeden Fall im Schüleralter anfangen. Schon vor der Pubertät sollte mit regelmäßigem Athletiktraining ohne große Zusatzlasten für die großen Muskelgruppen begonnen werden. Ebenso sollten die wichtigsten Basisübungen im Kraftraum erlernt werden. Da der moderne Skisport eine Ganzkörpersportart mit stark variierenden Krafteinsätzen ist, gilt es, bereits frühzeitig den Bereich Kraft zu berücksichtigen. Das Krafttraining hat im Skisport innerhalb des Konditionstrainings neben dem speziellen Koordinationstraining mittlerweile den größten Stellenwert. Im Leistungssport werden ganze Kraftblöcke absolviert, wobei teilweise bis zu zwei Krafttrainingseinheiten pro Tag durchgeführt werden

Krafttrainingsmethoden

Basismethoden zur Vergrößerung des Kraftpotenzials, zum Muskelaufbau, aber auch zur Verbesserung der Muskelleistungsfähigkeit

Wiederholungen/Zeiten/Geschwindigkeiten

- 10-max. 20 Wh. oder ca. 30 sec.
- Mittlere bis zügige Bewegungsgeschwindigkeit.
- Konzentrische und exzentrische Arbeitsweise.
- Flüssige Wiederholungen, eventuell auch als stumpfe Pyramide aufsteigend oder auf- und absteigend mit wechselnden Wiederholungszahlen und Zusatzlasten (Pyramide mit folgenden Wiederholungen 15 – 10 – 8 – 10 – 15).

Intensität

- 50-75 % der Maximallast.

Sätze/Pausen/Trainingsgestaltung

- 4-6 Sätze mit ca. 2-3 min Pausen
- Pausen aktiv gestalten (Koordinationsübungen, Auslockern ...).

Hauptsächliche Muskelgruppen

- Alle große Mukelgruppen – Streckerschlinge, Beugerschlinge der Beine, Oberkörper und Arme.

Einsatzbereich/Erläuterungen

- Entscheidend für den Kraftzuwachs ist das Ausreizen des Verhältnisses Last/Wiederholungen; d. h., man sollte möglichst bei jeden Trainingssatz an die maximale Wiederholungszahl bei entsprechendem Gewicht kommen.
- Die Zusatzlast kann und sollte zwischen den Sätzen an die Wiederholungsvorgabe angepasst werden.
- Das Training kann für alternierende Muskelgruppen täglich durchgeführt werden.

- Vor allem als Vorbereitung für intensiveres Training sollten 2-3 Trainingseinheiten pro Woche angestrebt werden.
- Im jüngeren Nachwuchsbereich (12-14 Jahre) sollten während der Vorbereitung 1-2 Einheiten pro Woche durchgeführt werden.

Spezielle Varianten für einen gezielten Muskelaufbau stellen Mehrfachsätze ohne nennenswerte Pausen dar. Die Pause wird auf ein Minimum reduziert und dient meist der Lastreduzierung. Alternativ kann eine Wiederholungsreduzierung eingesetzt werden; ähnliche Übungen für die gleichen Muskelgruppen werden hintereinander durchgeführt. Erzwungene Wiederholungen mit Partnerhilfe lassen sich ganz gezielt in einer Phase von Mukelzuwachstraining einsetzen. Solche Spezialmethoden verlangen jedoch ein größeres Maß an Krafttrainingserfahrung.

⇨ Kraftausdauermethoden zur Verbesserung der speziellen Kraftausdauer der Bein- und Rumpfmuskulatur

Wiederholungen/Zeiten/Geschwindigkeiten

- Ca. 30-50 Wh., bzw. ca. 30-90 sec. Belastungszeit.
- In extremer Ausprägung bis zu 3 min Belastungszeit.
- Je nach Übung statische, dynamisch-schnelle oder auch regulative und skisportsimulierende Bewegungsausführung.

Intensität

- Ca. 25-45 % der Maximallast, je nach Übung lediglich mit kleinen Zusatzlasten bzw. nur mit dem eigenen Körpergewicht.

Sätze/Pause/Trainingsgestaltung

- 3-6 Sätze, in extremer Ausprägung bis zu 12 Sätze (z. B. in Serienintervallen).
- Lange Pausen 5-15 min.
- Bei Belastungen mit großen Zusatzlasten bewusst die Pausen aktiv gestalten – z. B. mit leichtem Ergometerfahren.
- Alternativ bei Belastungen ohne große Zusatzlasten kürzere Pausen einsetzen, z. B. 30 sec. bis 2 min.

Hauptsächliche Muskelgruppen

- Beinmuskulatur, allgemeine Kräftigung für Bauch-, Rücken-, Rumpfmuskulatur bzw. für die gesamte Muskulatur.

Einsatzbereich/Erläuterungen

- Im Leistungssport wird diese Trainingsmethode meist ab den Sommermonaten eingesetzt, um sich langfristig an längere und mehrmalige Belastungen zu gewöhnen.
- Im Nachwuchs- und Fitnessbereich als sehr effektive Methode zu sehen, die spezifischen Belastungen des alpinen Skisports zu trainieren.
- Die Motivation und die willentliche Stärke wird ebenso geschult.
- Das Training kann auch sehr gut im Niedriglastbereich als Zirkeltraining durchgeführt werden (bei größeren Gruppen).
- Das Training kann 1-2 x pro Woche absolviert werden.
- Nach solchen Einheiten sollte genügend Regenerationszeit eingeplant werden.
- Gezielt muss auf eine hervorragende Technik und Bewegungsausführung geachtet werden.
- Vorsicht ist bei gleichzeitigen hochintensiven Ausdauerbelastungen oder bei einer mangelhaft ausgeprägten Grundlagenausdauer geboten!

Schnellkraft- und Maximalkraftmethoden zur Verbesserung der spezifischen Schnellkraft- und Maximalkraft der Beinmuskulatur bei Kraft-, Imitations- und Sprungübungen

Wiederholungen/Zeiten/Geschwindigkeiten

- 5-8 Wh mit schnellstmöglicher Bewegungsgeschwindigkeit bzw. ca. 6-15 sec. Belastung.

Intensität

- Für vorwiegende Erhöhung der Maximalkraft und der intramuskulären Koordination mit hohen Lasten (ca. 80-95 % der Maximallast).
- Für vorwiegende Schnellkrafteffekte ca. 30-50 % der Maximallast.
- Bei Sprüngen und Imitationsübungen keine Zusatzlast einsetzen, dafür aber auf maximal explosive Bewegungsausführung achten!

Sätze/Pausen/Gestaltung

- Ca. 5 Sätze, in extremer Ausprägung bis zu 8 Sätze.
- Mittlere bis längere Pausen, ca. 3-7 min.
- In den Pausen das schnellkräftige Muskelgefühl bewusst hochhalten (isometrische Spannungsübungen, Konzentration).

Hauptsächliche Muskelgruppen

- Dieses Training wird im Skisport normalerweise nur für das spezifische Training der Beinmuskulatur eingesetzt.

Einsatzbereich/Erläuterungen

- Im Leistungssport in gezielten Blöcken 1-2 x pro Woche vorwiegend im Zeitraum Sommer-Herbst einzusetzen.
- Im Fitnessbereich kommt nie ein Training mit maximalen Lasten in Frage; dort sollte man die Schnellkraftmethode mit geringeren Lasten und maximaler Bewegungsgeschwindigkeit einsetzen.
- Ebenso im Nachwuchleistungssport, wo das Training ohne Zusatzlasten, aber mit entsprechender explosiver Bewegungsausführung von größter Wichtigkeit ist.
- Das Training sollte in einem wirklich ausgeruhten Zustand durchgeführt werden und man sollte auf eine hohe Muskelspannung des ganzen Körpers und auf eine absolut exakte Bewegungstechnik achten.

Krafttrainingsübungen

Bevor wir Ihnen einzelnen Programmbeispiele von Trainingseinheiten vorstellen, sollen an dieser Stelle in einer Übersicht die wichtigsten Krafttrainingsübungen im Skisport dargestellt werden. Es werden sowohl allgemeine Übungen angesprochen, die auch in anderen Sportarten eingesetzt werden, als auch skispezifische Übungen, die wohl nur den Skifahrern vorbehalten bleiben.

Eine spezifische Leistungssteigerung erreicht man gezielt durch die Anwendung der so genannten **regulativen Kraftübungen**. Darunter versteht man das Durchführen von gängigen Übungen wie Kniebeugen, Abfahrtshocke oder Ausfallschritte in Kombination mit regulativen Gleichgewichtsanforderungen auf beweglichen Unterlagen bzw. „Propriorezeptorentrainingsgeräten". Solche Geräte können sein: Kippbretter, Therakreisel, Schaukeln, Weichgummimatratzen, Theraballe oder spezielle Gleichgewichtsgeräte. Diese Übungen werden hauptsächlich im Leistungssport eingesetzt, eignen sich jedoch auch im Nachwuchs- und Fitnessbereich.

Übungen für die gesamte Beinmuskulatur

- [ ] Hohe Kniebeugen beidbeinig.
- [ ] Tiefe Kniebeugen beidbeinig, Hantel auf der Brust oder auf den Schultern gehalten.
- [x] Kniebeugen im Ausfallschritt.
- [ ] Einbeinige Kniebeugen mit hochgelagertem hinteren Bein.
- [ ] Einbeinige Aufsteiger vorwärts und seitlich.
- [ ] Kniebeugen mit unterschiedlichen Beinwinkeln.
- [ ] Abfahrtshocke.
- [ ] Beinpressen
- [ ] Sprünge und Landungen vorwärts, rückwärts, seitwärts.
- [ ] Treppensprünge, Einbeinsprünge, spezifische Imitations- und Regulationsbewegungen ein- und beidbeinig.
- [ ] Beincurls (Beinstrecker).

Übungen für die Beinbeugemuskulatur

- [x] Beinbeugerübungen im Schulterstütz rücklings (am Boden, auf Medizinball, auf Theraband).
- [ ] Beinbeugerübung im Stand mit Theraband.
- [ ] Beinbeugermaschine im Stehen.
- [ ] Beinbeugermaschine in Bauchlage.

Übungen für die seitliche Beinmuskulatur (Adduktoren und Abduktoren)

- [ ] Seitliches Abspreizen auswärts und einwärts mit Gewichtsmanschette bzw. mit Theraband.
- [ ] Übungen an der Adduktoren- bzw. Abduktorenmaschine.
- [ ] Imitationsbewegungen und Sprünge, seitlich ausgeführt.

Übungen für die Rumpfmuskulatur und Übungen für die Ganzkörperspannung

- [x] Situps gerade und schräg.
- [ ] Bauchdiagonalübung.
- [ ] Bauchübung mit nach oben gestreckten Beinen jeweils in Rückenlage.
- [x] Rückenübung in Bauchlage mit Armvariationen.
- [ ] Seitübung auf Ellbogenstütz.
- [x] Liegestütz vorlings.
- [ ] Liegestütz rücklings.
- [ ] Seitübung, nur auf dem Rumpf aufliegend, Beine und Arme auf- und abbewegen.
- [ ] Rückenübung in Kraftstand mit Armvariationen beidbeinig und einbeinig.
- [ ] Bauchmaschinen.
- [ ] Rückenmaschinen in der Bauchlage und im Stehen.
- [ ] Seilzugübungen in allen Variationen seitlich und frontal.
- [ ] Übungen mit dem Theraband, vor allem Diagonalzüge.

Übungen für den Oberkörper, die Arme und Schultern

- [ ] Bankdrücken.
- [ ] Bankziehen.
- [ ] Latissimusziehen.
- [ ] Nackendrücken.
- [ ] Kurzhantelübungen.
- [ ] Seilzugübungen.
- [ ] Liegestütz.
- [ ] Bizepscurls.
- [ ] Klimmzüge.
- [ ] Seitliches Armheben mit Zusatzgewicht.

Krafttrainingsprogramme

Im Folgenden werden ausgewählte Krafttrainingsprogramme vorgestellt und praxisnah für jeden Sportler nachvollziehbar erklärt. Die Programme sind so konzipiert, dass sie jeweils eine Trainingseinheit ergeben. Die meisten Programme können auch mit koordinativen Trainingsinhalten (z. B. Gleichgewichtstraining, ...) kombiniert werden.

Kraftbasistraining für viele Muskelgruppen ohne Geräte bzw. mit Kleingeräten

Trainingsziel, Erläuterungen

- Verbesserung und Entwicklung des allgemeinen Kraftvermögens und der allgemeinen Athletik.
- Zum Aufwärmen ca. 15 min laufen oder Ergometerfahren bzw. leichte koordinative Übungen durchführen.
- Als Trainingsausklang ca. 15 min die beanspruchte Hauptmuskulatur dehnen.
- Das Training kann ohne Kraftraum durchgeführt werden.
- Als Hilfsmittel kann man Kleingewichte, Pezzibälle oder Therabänder, Treppen oder Kleinkästen verwenden.

Übungen, Methoden: Der Skicoach rät!

- Ausfallschritte vor- und/oder seitwärts pro Seite. 15 Wh., 3 Sätze.
- Beugerübung einbeinig im Schulterstütz rücklings. Pro Seite 15 Wh., 3 Sätze.
- Situps gerade. 30 Wh., 3 Sätze.
- Rückenübung in Bauchlage mit dosierten Auf-, Ab- bzw. Seit- und Rotationsbewegungen des Oberkörpers und Armvariationen, z. B. seitlich gestreckt 1 min., 3 Sätze.
- Tiefe Kniebeugen beidbeinig mit Stange auf der Brust. 15 Wh., 3 Sätze.
- Seitübung im Ellbogenstütz seitlich (eventuell oberes Bein auf- und abbewegen). 30 sec., 3 Sätze.
- Liegestütze vorlings. 20 Wh., 3 Sätze.
- Einbeiniges Beugen und Strecken in der Skiposition mit geschlossenen Augen. 1 min., 3 Sätze.
- Spünge aus der Abfahrtshocke in die Abfahrtshocke mit Ausregulieren bei der Landung. 10 Wh., 3 Sätze.

Ausfallschritt

Kniebeuge tief mit Stange in Vorhalte

Rückenübung in Bauchlage

Seitübung im Ellbogenstütz

Anmerkungen

- Das Programm kann optimal in Zirkelform oder in Blockform (Kombination von 2-4 Übungen) durchgeführt werden.
- Die Pausenzeit sollte 30-90 Sekunden betragen.
- Die Reihenfolge der Übungen lässt sich variieren.
- Zusammenspielende Muskelgruppen sollten nacheinander trainiert werden.
- Die Wiederholungen bzw. Belastungszeiten bis zur Muskelerschöpfung ausreizen.
- Die Bewegungsgeschwindigkeit ist mittel und regulativ, sowohl während der überwindenden als auch während der nachgebenden Muskelarbeit.
- Das Programm ist für alle Zielgruppen geeignet.

Kraftbasistraining für viele Muskelgruppen im Kraftraum

Trainingsziel, Erläuterungen

- Verbesserung und Entwicklung des allgemeinen Kraftvermögens und der allgemeinen Athletik, allgemeines Muskelaufbautraining.
- Zum Aufwärmen ca. 15 min laufen oder Ergometerfahren bzw. leichte koordinative Übungen durchführen.
- Als Trainingsausklang ca. 15 min Dehnung der hauptsächlich beanspruchten Muskulatur.
- Das Training wird in einem normal ausgestatteten Kraftraum bzw. Fitnessstudio durchgeführt.

Übungen, Methoden: Der Skicoach rät!

- Beinpressen beidbeinig bis ca. 90° Kniewinkel, Zusatzlast ca. 50-60 %. 12-15 Wh., 3-5 Sätze.
- Beinbeugermaschine im Liegen oder Stehen einbeinig, Zusatzlast ca. 50 %. 12-15 Wh., 3-5 Sätze.
- Bankdrücken mit der Langhantel, Zusatzlast ca. 50 %. 12-15 Wh., 3-5 Sätze.
- Seilzug-Diagonalziehen am Seilzug oder mit Theraband, Zusatzlast ca. 50 %. 12-15 Wh., 3-5 Sätze.
- Situps gerade mit Situps schräg im Wechsel. 30-40 Wh., 3-5 Sätze.
- Rückenaufrichten am Rückengerät mit Variation der Arme und dosierten Seit- bzw. Rotationsbewegungen. 30 Wh., 3-5 Sätze.
- Einbeinige Ausfallschritte oder Ausfallkniebeuge mit vorderem Bein auf regulativer Unterlage und hinterem Bein auf Kasten, Zusatzlast ca. 20-30 %. Hantelstange auf den Schultern bzw. mit Kleingewichten in den Händen. 12-15 Wh., 3-5 Sätze.
- Beinseitabspreizen aus-/einwärts mit Zusatzlast ca. 30-50 %. 12-15 Wh., 3-5 Sätze.
- Abfahrtshocke mit geschlossenen Augen auf regulativer Unterlage, z.B. Kreisel o. Ä. 1 min., 3-5 Sätze.
- Beidbeinige Sprünge mit Anhocken der Beine in der Luft leicht seitlich versetzt oder über Trainingshürden. 10 Wh., 3-5 Sätze.

Anmerkungen

- Das Programm kann in Blockform (Kombination von 2-4 Übungen) oder in klassischer Form (Übungen nacheinander) durchgeführt werden.

Spezielles Kraftbasistraining für die Rumpfmuskulatur

Trainingsziel, Erläuterungen

- Verbesserung und Entwicklung des allgemeinen Kraftvermögens und der allgemeinen Athletik, speziell im Bereich der Rumpfmuskulatur.
- Zum Aufwärmen ca. 15 min laufen oder Ergometerfahren bzw. leichte koordinative Übungen durchführen.
- Als Trainingsausklang ca. 15 min Dehnung der hauptsächlich beanspruchten Muskulatur oder Durchführen von weiteren Inhalten, z. B. eine Grundlagenausdauereinheit oder eine kleine Koordinationseinheit.
- Das Training kann ohne Kraftraum durchgeführt werden. Kleingewichte, Pezziball, regulative Unterlagen und Theraband machen das Training effektiver.

Übungen, Methoden: Der Skicoach rät!

- Bauchmuskelübung in Rückenlage mit Diagonalbewegungen der Arme und Beine gegengleich. 30 Wh., 3-4 Sätze.
- Gesäßbeugerübung einbeinig in Schulterstütz rücklings. Pro Seite 12-15 Wh., 3-4 Sätze.
- Liegestütze. 30 Wh., 3-4 Sätze.
- Seitübung seitlich am Boden liegend, unteres Bein gebeugt, oberes Bein gestreckt mit wechselweisem Auf- und Abbewegen der Beine und des Rumpfs. Pro Seite 15 Wh., 3-4 Sätze.
- Carvingübung im Seitstütz auf einem Arm mit dynamischem Wechsel. 10-12 Wh. pro Seite, 3-4 Sätze.
- Rückenübung im Einbeinstand mit leicht vorgebeugtem Oberkörper, eventuell auf regulativer Unterlage, Ellbogen nach oben anwinkeln und Schulterblätter nach hinten ziehen. Pro Seite 12-15 Wh., 3-4 Sätze.
- Ganzkörperspannungsübung in Seitlage nur auf dem Becken mit geschlossenen Beinen und über dem Kopf gestreckten Armen. Von einer Seite über den Rücken auf die andere Seite rollen. 5 -6 Wh., 3-4 Sätze.
- Bauchübung in Rückenlage mit nach oben gestreckten und leicht gegrätschten Beinen, den Rumpf auf- und abbewegen, eventuell ein Bein auf dem Pezziball. 20 Wh., 3-4 Sätze.
- Rückenübung im Stand, mit Theraband Rückenmuskeln regulierend anspannen. Arme nach oben angewinkelt und Schulter nach hinten ziehen. 15-20 Wh., 3-4 Sätze.

- Diagonale Rumpfübung im Beidbein- bzw. Einbeinstand. Mit dem Theraband seitlich-diagonales Ziehen vor dem Körper. Pro Seite 15 Wh., 3-4 Sätze.

Anmerkungen

- Das Programm kann in Blockform (Kombination von 2-4 Übungen) oder in klassischer Form (Übungen nacheinander) durchgeführt werden.
- Pausenzeit je nach Übungen 30 Sekunden bis 1 Minute.
- Die Reihenfolge der Übungen kann variiert werden.
- Zusammenspielende Muskelgruppen sollten nacheinander trainiert werden.
- Die Wiederholungen bzw. Belastungszeiten bis zur Muskelerschöpfung ausreizen. Vor allem bei den Rumpfmuskulaturübungen ist eine hohe Muskelermüdung für die gewünschten Trainingseffekte notwendig.
- Es ist immer auf eine neutrale Beckenstellung zu achten (kein Hohlrücken und kein Rundrücken). Die gedachte Verbindungslinie zwischen Kopf und Füßen soll durch die Mitte des Körpers gehen.
- Die Bewegungsgeschwindigkeit ist mittel bis langsam sowohl während der überwindenden als auch während der nachgebenden Muskelarbeit.
- Das so genannte Bauchrückentraining bzw Stabilisationstraining ist die absolute Basis im Krafttraining des Skisportlers. Wenn es nicht als eigene Trainingseinheit aus Zeitgründen durchgeführt werden kann, so sollten einige Übungen aus diesem Bereich in jedem Training als Erwärmung einzeln durchgeführt werden.
- Dieses Programm ist für alle Zielgruppen geeignet.

Bauchmuskelübung diagonal

Carvingübung

Rückenübung im Einbeinstand

Bauchübung mit Pezziball und gestreckten Beinen

Rückenübung mit Theraband

Spezielles Kraftbasistraining für die Beinmuskulatur

Trainingsziel, Erläuterungen

- Verbesserung und Entwicklung der Muskelleistung, Kraftzuwachs und Muskelaufbau der skispezifischen Beinmuskulatur (skispezifische Basiskraft).
- Zum Aufwärmen ca. 15 min laufen oder Ergometerfahren bzw. leichte koordinative Übungen durchführen.
- 10-15 min Kräftigungsübungen für den Rumpf und 1-2 Gleichgewichtsübungen.
- Als Trainingsausklang ca. 15 min Dehnung der hauptsächlich beanspruchten Muskulatur oder Durchführung von weiteren Inhalten, z. B. eine Grundlagenausdauereinheit oder eine kleine Koordinationseinheit.
- Das Training wird in einem Kraftraum bzw. in einem Fitnessstudio durchgeführt.
- Trainingsmittel wie regulative Unterlagen oder Kleingewichte lassen das Training effektiver werden.

Übungen, Methoden: Der Skicoach rät!

- Tiefe Kniebeugen mit der Hantelstange auf den Schultern oder der Brust, ca. 50 % der Maximallast. 10-12 Wh. bzw. 20 sec., 5 Sätze.
- Einbeinige Beincurls, eventuell auch mit statischem Halten zwischen den Wiederholungen, 50-70 % der Maximallast. 10-12 Wh. bzw. 20 sec., 5 Sätze.
- Strecksprünge mit Ausholbewegung in Serie. 10 Wh., 5 Sätze.
- Einbeiniges Beinpressen bis ca. 80° Kniewinkel, eventuell auch mit statischem Halten zwischen den Wiederholungen, 50-60 % der Maximallast. 10-12 Wh. bzw. 20 sec., 5 Sätze.
- Beugerübung an Beugermaschine einbeinig, 50-70 % der Maximallast. 10-12 Wh. bzw. 20 sec., 5 Sätze.
- Kniebeugen mit unterschiedlichen Beinwinkeln (seitlich auf Treppe) mit der Langhantel oder Kleinhantel, 50-60 % der Maximallast. 10-12 Wh. bzw. 20 sec., 5 Sätze.
- Gleichgewichtsübung in der Abfahrtshocke mit Imitationsbewegungen auf regulativer Unterlage. 40 sec. -1 min, 5 Sätze.

Tiefe Kniebeugen mit Gewicht

Einbeinige Kniebeugen

Kniebeuge mit unterschiedlichen Beinwinkeln

Anmerkungen

- Das Programm kann in Blockform (Kombination von 2-4 Übungen) oder in klassischer Form (Übungen nacheinander) durchgeführt werden.
- Pausenzeit ca. 2-3 Minuten.
- Die Reihenfolge der Übungen sollte eingehalten werden.
- Die Wiederholungen bzw. Belastungszeiten bis zur Muskelerschöpfung ausreizen.
- Die Bewegungsgeschwindigkeit ist mittel bis sehr zügig. Schnell = Muskelleistungseffekt oder langsamer = klassischer Kraftzuwachs.
- Eine Variante der Durchführung stellt 2-3faches kurzes Wippen während der Übung dar.
- Sehr effektiv ist das Training in Form einer stumpfen Pyramide mit z. B. 8 – 10 – 12 – 10 – 8 Whiederholungen.
- Dieses Programm ist für alle Zielgruppen geeignet.
- Das Basisprogramm Beine ist für einen gezielten Kraftaufbau der Beinmuskulatur obligatorisch.
- Oft wird als zweite Trainingseinheit eine kleine Oberkörpereinheit anschließend absolviert oder ein Teil einer koordinativen Trainingseinheit bzw. einige Schnelligkeitsübungen.

Kraftbasistraining für den Oberkörper

Trainingsziel, Erläuterungen

- Verbesserung und Entwicklung der Muskelleistung, Kraftzuwachs bzw. Muskelaufbau der Oberkörpermuskulatur.
- Zum Aufwärmen ca. 15 min laufen oder Ergometerfahren bzw. leichte koordinative Übungen durchführen.
- 10-15 min Kräftigungsübungen für den Rumpf und 1-2 Gleichgewichtsübungen.
- Als Trainingsausklang ca. 15 min Dehnung der hauptsächlich beanspruchten Muskulatur.
- Das Training wird in einem Kraftraum bzw. in einem Fitnessstudio durchgeführt.
- Trainingsmittel wie regulative Unterlagen oder Kleingewichte lassen das Training effektiver werden.

Übungen, Methoden: Der Skicoach rät!

- Nackendrücken mit der Langhantel, 50-60 % der Maximallast. 10-12 Wh., 5 Sätze.
- Bankdrücken mit der Langhantel, 50-60 % der Maximallast. 10-12 Wh., 5 Sätze.
- Latissimusziehen, 50-60 % der Maximallast. 10-12 Wh., 5 Sätze.
- Seitdiagonalzüge vor dem Körper am Zugapparat, alternativ mit einem Theraband, 50-60 % der Maximallast. 10-12 Wh. pro Seite, 5 Sätze.
- Bankziehen mit der Langhantel bzw. Kurzhanteln, 50-60 % der Maximallast. 10-12 Wh., 5 Sätze.
- Klimmziehen zur Brust und in den Nacken, eventuell mit Gewichtserschwerung, z. B. Gewichtsmanschetten oder Gewichtserleichterung mit Theraband. So viele Wh. wie möglich, 3 Sätze.
- Unterarmdips, eventuell mit aufgelegten Füßen auf Kleinkasten. So viele Wh. wie möglich.
- Liegestütze auf der am Boden liegenden Hantelstange oder mit den Füßen auf einem Pezziball. So viele Wh. wie möglich.

Anmerkungen

- Das Programm kann in Blockform (Kombination von 2-4 Übungen) oder in klassischer Form (Übungen nacheinander) durchgeführt werden.

- Pausenzeit ca. 2-3 Minuten.
- Die Reihenfolge der Übungen sollte eingehalten werden.
- Die Wiederholungen bzw. Belastungszeiten bis zur Muskelerschöpfung ausreizen = pro Satz so viele Wiederholungen wie möglich, anschließend das Gewicht so anpassen, dass man die Wiederholungsangaben einhalten kann.
- Die Bewegungsgeschwindigkeit ist mittel bis sehr zügig. Schnell = Muskelleistungseffekt oder langsamer = klassischer Kraftzuwachs.
- Sehr effektiv ist das Training in Form einer stumpfen Pyramide mit z. B. 8 – 10 – 12 – 10 – 8 Wiederholungen.
- Dieses Programm ist für alle Zielgruppen geeignet.
- Das Basisprogramm Oberkörper ist für einen gezielten Kraftaufbau der Oberkörpermuskulatur obligatorisch.
- Diese Einheit wird oft als Ergänzungseinheit zum Beinkrafttraining, aber auch bei primär koordinativen Trainingseinheiten angewendet.

Liegestütz auf Pezziball und Hantelstange

Spezifisches Kraftausdauertraining für die Beinmuskulatur bzw. in Verbindung mit Imitationsübungen

Trainingsziel, Erläuterungen

- Verbesserung und Entwicklung der skispezifischen Kraftausdauer der Beinmuskulatur in Verbindung mit skispezifischer Koordination.
- Zum Aufwärmen ca. 15 min laufen oder Ergometerfahren, zusätzlich einige Übungen zur Rumpfkräftigung und einige Gleichgewichtsaufgaben durchführen.
- Das Trainingsprogramm kann mit und/oder ohne Zusatzlast durchgeführt werden.

Übungen, Methoden: Der Skicoach rät!

- Kniebeugenvariationen bis ca. 90° Kniewinkel (ca. 5 sec. statisches Halten, anschließend 6-8 Wh. usw.), ca. 30 % der Maximallast. 45 sec.-2 min, 3-6 Sätze.
- Beinpresse beidbeinig in Serie mit statischem Halten kombiniert (ca. 5 sec. halten, anschließend 6-8 Wh. usw.), ca. 30 % der Maximallast. 45 sec.-2 min, 3-6 Sätze.
- Abfahrtshockesprünge bergab und bergauf (am Berg oder auf schiefer Ebene). 45 sec.-2 min., 3-6 Sätze.
- Abfahrtshockesimulation auf regulativen Unterlagen. 45 sec.-2 min, 3-6 Sätze.
- Imitationssprünge in zwei gegenübergestellten Minitrampolins seitlich in der Skiposition, eventuell 2-3 x Wippen im Minitrampolin. 45 sec.-90 sec., 3-6 Sätze.
- Seriensprünge seitlich über eine ca. 20 cm hohe Trainingshürde. 45 sec. -1 min, 3-5 Sätze.
- Seitsteps in tiefer Skiposition auf einer Weichbodenmatte hin und her. 45 sec.-90 sec., 3-5 Sätze.
- Sprungparcours mit Kästen oder ähnlichen Hindernissen. 45 sec.-1 min, 3-5 Sätze.

Anmerkungen

- Das Programm kann in klassischer Form (Übungen nacheinander) durchgeführt werden. Wenn man die Belastungszeiten verkürzt, kann die Trainingseinheit auch in Zirkelform (Übungen kombiniert) durchgeführt werden.

- Die Pausenzeit beträgt ca. 3-8 Minuten und sollte aktiv mit leichtem Radergometerfahren bzw. lockerem Bewegen absolviert werden.
- Die Reihenfolge der Übungen sollte eingehalten werden.
- Die Wiederholungen bzw. Belastungszeiten bis zur Muskelerschöpfung ausreizen.
- Das Kraftausdauertraining stellt höchste Anforderungen an die Willenskraft und die Motivation.
- Die Bewegungsgeschwindigkeit ist skispezifisch durchzuführen.
- Dieses Programm ist für alle Zielgruppen geeignet.
- Besonders für junge Nachwuchsathleten im Schüleralter und Jugendalter sind die Übungen ohne Zusatzlast zu empfehlen.

Simulation Abfahrtshocke bergab

Abfahrtshockesimulation auf regulativen Unterlagen

Spezifisches Schnellkrafttraining für die Beinmuskulatur

Trainingsziel, Erläuterungen

- Verbesserung und Entwicklung der skispezifischen Schnellkraft der Beinmuskulatur in Verbindung mit skispezifischer Koordination.
- Zum Aufwärmen ca. 15 min laufen oder spielen, einige Übungen zur Rumpfkräftigung, Gymnastik und einige koordinative Übungen, wie z. B. Sprünge, berücksichtigen.
- Als Trainingsausklang ein kurzes Gymnastikprogramm oder Auslaufen.
- Das Trainingsprogramm enthält Übungen mit und ohne Zusatzlast und kann somit im Freien, in der Halle oder im Kraftraum durchgeführt werden.
- Pro Trainingseinheit kommen von den genannten Übungen maximal 3-5 Übungen zum Einsatz.

Übungen, Methoden: Der Skicoach rät!

- Beinpresse beidbeinig mit maximaler Bewegungsgeschwindigkeit, 30-50 % der Maximallast. 6-8 Wh., 4-5 Sätze.
- Reaktive Sprünge beidbeinig vorwärts oder seitwärts, z. B. über Hürden. 6 Wh., 4-5 Sätze.
- Kniebeugen mit der Langhantelstange oder mit Kleingewichten, 30-50 % der Maximallast. 6-8 Wh., 4-5 Sätze.
- Sprünge aus der Abfahrtshocke, z. B. als Aufsprünge auf den Kasten. 6-8 Wh., 4-5 Sätze.
- Reaktives Wippen in der Skiposition auf dem Minitrampolin oder auf einem Turnbrett (Reuter-Brett). Ca. 10-12 sec., 4-5 Sätze.
- Einbeinige Kniebeugen mit der Hantelstange oder mit Kleingewichten, ca. 30-50 % der Maximallast. Pro Seite 4-5 Wh., 4-5 Sätze.
- Tappings (Frequenzkontakte in der Skiposition). Ca. 10-12 sec., 4-5 Sätze.
- Bewegungskombinationen, z. B. Sprungparcours, Sprünge und Läufe kombiniert. Ca. 10-20 sec, 4-5 Sätze.

Anmerkungen

- Das Programm kann in klassischer Form (Übungen nacheinander) durchgeführt werden. Wenn man die Belastungszeiten verkürzt, kann die Trainingseinheit auch in Zirkelform (Übungen kombiniert) durchgeführt werden.

- Die Pausenzeit beträgt ca. 5 Minuten und sollte mit koordinativen Übungen aktiv gestaltet werden.
- Die Reihenfolge der Übungen sollte eingehalten werden.
- Es empfiehlt sich, nach einer Übung mit Zusatzlast eine koordinative Schnellkraftübung zu absolvieren.
- Das Schnellkrafttraining stellt höchste Anforderungen im Bereich der Konzentration und der Bewegungsmotorik.
- Die Bewegungsgeschwindigkeit ist 100 %; bei den Sprüngen ist auf kurze Kontaktzeit am Boden zu achten; bei allen Übungen ist auf eine explosive Bewegungsumkehr zwischen Beugung und Streckung zu achten.
- Dieses Programm ist für alle Zielgruppen geeignet.
- Besonders für junge Nachwuchsathleten im Schüler- und Jugendalter sind die Übungen ohne Zusatzlast zu empfehlen.
- Ein Schnellkrafttraining ist jedoch nur dann sinnvoll, wenn die Basiskraft und das motorische Vermögen des Sportlers schon auf einem relativ hohen Niveau ausgeprägt sind.
- Bei Müdigkeit oder leichten Verletzungen ist ein Schnellkrafttraining zu vermeiden.

Einbeinige Kniebeugen mit der Hantelstange

Neben den genannten Programmen möchten wir noch einige weitere und effektive Möglichkeiten aufzeigen, spezifische Kraftfähigkeiten zu entwickeln.

- **Bergläufe**
  - Kraftausdauer Beine.
- **MTB-bergauf + Cross-Country**
  - Kraftausdauer, Schnellkraft der Beine.
- **Intervalle mit MTB**
  - Kraftausdauer, Schnellkraft der Beine.
- **Gezielte Kraftprogramme mit dem Rad, z. B. 5 x 1 min hochintensives Fahren mit hohen Gängen, Zeitfahrtraining, Bergtraining**
  - Kraftausdauer und Maximalkraft Beine.
- **Leichtathletische Sprünge**
  - Schnellkraft und Motorik.
- **Turnen und Kampfsport**
  - Gesamtkörperkraft, Koordination und Balance.
- **Inlineskating, Skilanglauf, z. B. Intervalle bergauf**
  - Kraftausdauer, Schnellkraft der Beine.

Koordinations-/ Schnelligkeitsprogramme

Wie im Anforderungsprofil ersichtlich, ist der alpine Skisport im Bereich der Bewegungstechniken und der spezifischen Motorik eine der schwierigsten Sportarten überhaupt. Deshalb sind ganz spezifische Schnelligkeitsfähigkeiten notwendig, um bessere körperliche Voraussetzungen für ein leichteres Erlernen und eine hundertprozentige Umsetzung der Skitechnik zu schaffen. Eine ganz entscheidende Bedeutung hat hier der situative Ansatz. Das bedeutet, die sehr unterschiedlichen Anforderungen an die Bewegungstechnik auf Grund der wechselnden Situationen (Schneeart, Pistenbeschaffenheit, Hangprofil, Wetter und Lichtverhältnisse usw.) müssen auch im Sommertraining vorgeschult werden. Im Gegensatz zu klassischen Schnelligkeitssportarten, wie dem leichtathletischen Sprint und Sprung oder klassischen kompositorischen Sportarten, wie dem Geräturnen sind im alpinen Skisport Schnelligkeits- und Koordinationsinhalte nicht direkt zu trennen, sondern können nur verknüpft gesehen und trainiert werden. Es gibt viele Möglichkeiten, bereits im Konditionstraining diese Spezifik der Sportart zu trainieren. Das allgemeine und teils spezifische Koordinations- und Schnelligkeitstraining beginnt schon im frühen Kindesalter ab sechs Jahren, wenn die ersten Talente in die Talentschmieden und Vereine kommen, und zieht sich durch bis in den höchsten Leistungsbereich. Alpine Skirennläufer sind bekannt dafür, dass sie koordinativ sehr gut und extrem vielseitig ausgebildet sind.

Übungen und Methoden zum speziellen Koordinations- und Schnelligkeitstraining

Die klassische Methode im Schnelligkeits- und Motoriktraining ist die **Wiederholungs-** oder **Intervallmethode**. Die Wiederholungen einer Übung variieren stark nach deren Anforderung und der Belastungszeit. Im Allgemeinen betragen die Belastungszeiten kurz, 6-30 Sekunden, bei sehr komplexen Aufgaben auch länger. Die Pausen sind kurz bis mittel (30 Sekunden-3 Minuten, bei extrem komplexen Übungen auch länger). Es wird versucht, die Bewegungsqualität bis zur höchsten Ausprägungsstufe der variablen Verfügbarkeit zu entwickeln und möglichst viele Bewegungen zu beherrschen. Die Intensität hängt oft von der Qualität der Bewegung ab. Um effektiv zu trainieren, sollten die Bewegungsgeschwindigkeiten und Krafteinsätze hochintensiv und, je nach Aufgabe, spezifisch durchgeführt werden. Maximaler Krafteinsatz heißt in diesem Falle nicht optimaler Krafteinsatz. Es gibt auch Methoden im Spitzenbereich, bei denen koordinative Elemente mit Inhalten des Krafttrainings vermischt werden. Das Training wird meist in Blockform (mehrere Übungen in einem Block) trainiert. Das Zirkeltraining ist ebenso eine sehr gängige Form des Trainings. Erwähnenswert für Alleintrainierer ist, dass Inhalte im Koordinations- und Schnelligkeitsbereich eigentlich immer wieder korrigiert, verbessert und analysiert werden sollten. Daher ist ein gemeinsames Training bzw. ein in einem Klub oder Fitnessstudio organisiertes Training ausgesprochen sinnvoll. Den entscheidenden Faktor stellen die Trainingsübungen bzw. die Intention bei der Übungsauswahl dar. Im Folgenden wird eine Auswahl der wichtigsten Übungen aus unterschiedlichen Bereichen des Schnelligkeits- und Koordinationstrainings des Skisportlers aufgezeigt. Es sind allgemeine und auch sehr spezifische Übungen dargestellt. Ein Teil der Übungen kann ohne jegliche Hilfsmittel durchgeführt werden, viele Übungen sind jedoch an Hilfsmittel (Hürden, Markierungen, Kästen, Trampolin, Matten, spezielle Trainingsmittel ...) gekoppelt.

Die Abbildung zeigt den Zusammenhang zwischen der allgemeinen und spezifischen Koordination sowie der Skitechnik.

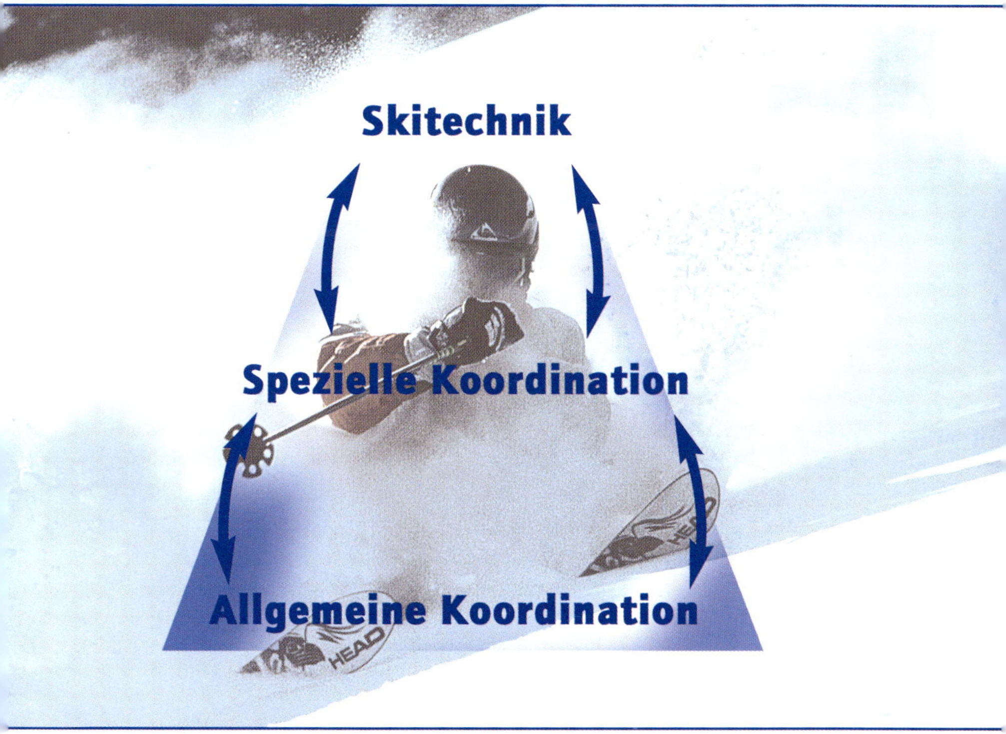

Übungen zur allgemeinen Schnelligkeit und Koordination

- Alle Übungen der leichtathletischen Laufschule (Skippings, Tappings, Kniehebelauf, Anfersen, Übersetzen, Seitsteps, Fußgelenklauf, Sprintlauf, Läufe mit Richtungsänderungen, Hopserlauf, ...).
- Alle Übungen der allgemeinen Sprungschule (beidbeinige Sprünge, Einbeinsprünge, Hürdensprünge, Schrittwechselsprünge, Seitsprünge, Rückwärtssprünge, Rhythmussprünge, ...).
- Alle Grundübungen im Bereich des Gerätturnens (Rollen, Rad, Handstand, Stützen, Halten, Hangeln, Schwingen, ...).
- Viele Spiele und Sportarten (Ballspiele, Hockey, Tennis, Inlineskating, ...).

Übungen zur spezifischen Gleichgewichtsfähigkeit

- Balancieren vorwärts, rückwärts, seitwärts auf Balken, Stangen, Seilen, speziellen Geräten.
- Skitypische Bewegungen auf regulativen Unterlagen, z. B. Kippbretter, Bälle, Kreisel usw.
- Spezifisches Training mit Inlineskates und Schlittschuhen, Aufsprünge und Landungen aller Art, ...

Übungen zur spezifisch-komplexen Bewegungsmotorik

- Richtungsänderungen in Verbindung mit Läufen und Sprüngen, Hindernisparcours.
- Übungen mit unterschiedlichen Widerlagern (Sprungbahnen mit Kästen, Minitramps, Matten).
- Schnelligkeitsparcours mit Trainingshürden und Markierungen (z. B. Slalomlauf, Sprünge, Sprints, Turnübungen kombinieren).
- Wahrnehmungs- und Reaktionsübungen, Übungen zur optischen Auswahlreaktion, Konzentrationsübungen.

Übungen zu spezifischen Schnelligkeitsfähigkeiten

- Alle Formen von Frequenztappings mit skitypischen Bewegungen kombiniert.
- Imitationsübungen und Sprünge, z. B. Sprünge seitlich, Treppensprünge, Einbeinsprünge, Abfahrtshockeimitationen mit Frequenzen, Schnelligkeitsübungen auf unterschiedlichen Widerlagern (Minitramps, Bretter, Matten).

Trainingsprogramme zur spezifischen Koordination und Schnelligkeit im Skisport

Ein effektives Training ist dann gewährleistet, wenn die Übungen und die Methoden an das Trainingsziel angepasst werden. Im Folgenden werden ausgewählte spezifische Programme dargestellt und praxisnah für jeden Sportler nachvollziehbar erklärt. Die tägliche Trainingspraxis zeigt, dass es für die Leistungsentwicklung vorteilhaft ist, teilweise „nach Programm" zu trainieren, teilweise aber auch eher offener situationsbedingt das Training durchzuführen.

Hier sollte man als Sportler und auch als Trainer versuchen, eine gesunde Einschätzung der Situation aufzubauen, um die Gratwanderungen zwischen sinnvoller Kürzung des Trainingspensums (offensichtliche Müdigkeit, Schmerzen, erhebliche Motivationsprobleme, ...) und „Selbsttäuschung" zu meistern. Man trainiert ja stets für sich selbst!

Die Programme sind so konzipiert, dass man nur Teile als eine Trainingseinheit durchführen sollte, da besonders im koordinativen Bereich das aktuelle Bewegungsniveau und die Bewegungsqualität die entscheidende Rolle spielen. Üblicherweise kombiniert man in einer koordinativen Einheit die Inhalte. So besteht z. B. ein Teil aus dem komplex-motorischen Training, der zweite Teil aus einem Gleichgewichtsteil. Wenn man zu einseitig und zu verkrampft nur gewisse Inhalte trainiert, kommt es schnell zu einer motorischen Blockade und zu einem Ungleichgewicht.

Da ein vielseitiges Bewegungsrepertoire das Erlernen von neuen, komplexen Aufgaben erheblich erleichtert, gilt es, gerade im Schüler- und Jugendalter eine möglichst universelle Koordinationsausbildung zu absolvieren. Im Leistungssport werden auch gewisse Koordinationseinheiten mit Krafteinheiten (z. B. Gleichgewichtstraining, ...) kombiniert.

HEAD

Spezifisches Gleichgewichtstraining

Trainingsziel, Erläuterungen

- Verbesserung und Entwicklung der skispezifischen Gleichgewichtsregulation.
- Zum Aufwärmen ca. 15 min laufen oder allgemeine koordinative Übungen bzw. Spiele in Verbindung mit einigen Übungen zur Rumpfkräftigung durchführen.
- Zum Trainingsausklang ca. 15 min Dehnung der hauptsächlich beanspruchten Muskulatur oder Durchführung einer weiteren Trainingseinheit, z. B. Ausdauer- oder Krafttraining.
- Als Hilfsmittel können Gleichgewichtsgeräte (Balken, Stangen, Seil) und regulative Unterlagen (Kippbretter, Kreisel, Bälle, ...) gezielt eingesetzt werden.

Übungen, Methoden: Der Skicoach rät!

- Balancieren vorwärts und rückwärts auf Stahlseil, Balken oder Stange, eventuell mit Beugen und Strecken. 30 sec.-1min, 3-5 Versuche.
- Balancieren seitwärts auf Stahlseil, Balken oder Stange, eventuell mit Beugen und Strecken. 30 sec.-1min, 3-5 Versuche.
- Aufspringen von der Seite und in der Abfahrtshocke ausbalancieren. Ca. 10 sec., 5-8 Versuche.
- Stehen auf einer regulativen Unterlage (Kippbrett, Propriotrainer, Kreisel u. Ä.) in verschiedenen Positionen beidbeinig und einbeinig. 30 sec.-1min, 5 Versuche.
- Einbeiniges Stehen und Ausregulieren in der Skigrundposition mit geschlossenen Augen. 30 sec.-1 min, 3-5 Versuche.
- Einbeinige Kniebeugen bis 90° Kniewinkel auf regulativen Unterlagen (Kippbrett, Propriotrainer, Kreisel u. Ä.). 30 sec.-1 min, 3-5 Versuche.
- Seriensprünge im Minitramp, eventuell mit mehreren Minitramps. 30 sec.-1 min, 3-5 Versuche.
- Sitzen, Kniestand, stehen jeweils mit Ausregulieren auf dem Pezziball. 5 oder mehrere Versuche.
- Gleichgewichtsparcours mit unterschiedlichen Aufgaben hintereinander absolvieren (von der Schwierigkeit zunehmend).
- Pedalo- bzw. Einradfahren erlernen.

Anmerkungen

- Das Programm kann optimal in Zirkelform oder in Blockform (Kombination von 2-4 Übungen) durchgeführt werden.
- Übungen, die Probleme bereiten, sollten öfters probiert werden.
- Die Pausenzeit sollte 30-90 Sekunden betragen, um die Übungen stets hundertprozentig konzentriert anzugehen.
- Die Reihenfolge der Übungen kann variiert werden.
- Die optimale Bewegungstechnik und das Beherrschen der Übung stehen absolut im Vordergrund.
- Die Zielgruppe stellen die Trainingsbeginner, aber auch trainingserfahrene Athleten und Leistungssportler dar, ganz besonders jedoch Nachwuchsathleten im Kindes-, Schüler- und Jugendalter.

Stehen auf dem Pezziball

Skispezifisch-komplexe Bewegungsmotorik

Trainingsziel, Erläuterungen

- Verbesserung und Entwicklung der skispezifisch-komplexen Bewegungsmotorik.
- Anpassungs- und Umstellungsfähigkeit, Orientierungsfähigkeit, Skiimitationsbewegungen, Rhythmusfähigkeit.
- Zum Aufwärmen ca. 15 min laufen oder allgemeine koordinative Übungen bzw. Spiele in Verbindung mit einigen Übungen zur Rumpfkräftigung durchführen.
- Zum Trainingsausklang ca. 15 min Dehnung der hauptsächlich beanspruchten Muskulatur oder Durchführung einer weiteren Trainingseinheit, z. B. Ausdauer- oder Krafttraining.
- Als Hilfsmittel sind Turngeräte, Trainingshürden, Markierungen, Matten sinnvoll. Das Training kann aber genauso im Freien bzw. mit natürlichen Hilfsmitteln stattfinden.

Übungen, Methoden: Der Skicoach rät!

- Seitsteps mit skitypischen Bewegungen (Abfahrtshocke, Grundpositionen) und Zusatzaufgaben, wie z. B. Bälle zuwerfen. 30 sec., 3 Versuche.
- Imitationssprünge seitlich über 20 cm hohe Hürde. 8 Wh., anschließend Rolle vorwärts und Rolle rückwärts, anschließend spezifische Sprünge beidbeinig vor-/seitwärts. 8 Wh., 3 Versuche.
- Lauf- und Sprungparcours mit Richtungsläufen um Markierungen und Sprünge auf unterschiedlichen Widerlagern. Ca. 30 sec., 3 Versuche.
- Lauf- und Sprungparcours mit Richtungsläufen mit Geländevorgaben, z. B. steil bergab, über Bäume, unter Hindernissen hindurch usw. Ca. 30 sec., 3 Versuche.
- Richtungsläufe mit Imitationsbewegungen auf Kommando, wie Abfahrtshocke oder Einbeinstand mit geschlossenen Augen. Ca. 30 sec., 3 Versuche.
- Kombination von Kraftübung, z. B. Kniebeugen mit anschließendem Imitationsparcours. 6-8 Wh. Kniebeugen, mit anschließend 20 sec. Imitationsparcours. 3 Versuche.
- Skibewegungen (beugen, strecken auf schiefer Ebene mit unterschiedlichen Beugewinkeln der Beine links und rechts oder Abfahrtshocke mit und ohne Stöcke) mit geschlossenen Augen. 30 sec.-1 min, 3-5 Versuche.

- Lauf- und Sprungkombinationen mit Rhythmusvorgabe, z. B. 4 x Hopserlauf schnell, 6 Umsteigesprünge langsam regulierend, 12 beidbeinige Sprünge mit Zwischenhüpfer auf Kommando, Seitsteps hin und her schnell, eventuell auch als Partnerübung und synchron durchgeführt.

Anmerkungen

- Das Programm kann optimal in Zirkelform oder in Blockform (Kombination von 2-4 Übungen) durchgeführt werden.
- Übungen, die Probleme bereiten, sollten öfters probiert werden.
- Die Pausenzeit sollte 30-90 Sekunden betragen, um die Übungen stets hundertprozentig konzentriert anzugehen.
- Die Reihenfolge der Übungen kann variiert werden.
- Die optimale Bewegungstechnik und das Beherrschen der Übung stehen absolut im Vordergrund.
- Je besser der Athlet ist, desto komplexer kann eine Übung sein.
- Die Zielgruppe stellen die Trainingsbeginner, aber auch trainingserfahrene Athleten und Leistungssportler dar, ganz besonders jedoch Nachwuchsathleten im Kindes-, Schüler- und Jugendalter.

Skiimitationsübung auf schiefer Ebene

Skispezifisches Schnelligkeitsprogramm

Trainingsziel, Erläuterungen

- Verbesserung und Entwicklung der skispezifischen Form der Schnelligkeit.
- Komplexe Bewegungen maximal schnell durchführen und hohe elementare Schnelligkeitsfähigkeiten (Frequenzen) erzielen.
- Zum Aufwärmen ca. 15 min laufen oder allgemeine koordinative Übungen bzw. Spiele in Verbindung mit einigen Übungen zur Rumpfkräftigung, Steigerungsläufe, Sprünge oder kurze Sprints durchführen.
- Zum Trainingsausklang ca. 15 min Dehnung der hauptsächlich beanspruchten Muskulatur oder Durchführung einer weiteren Trainingseinheit, z. B. Ausdauer- oder Krafttraining.
- Als Hilfsmittel sind Turngeräte, Trainingshürden, Markierungen, Matten sinnvoll. Das Training kann aber genauso im Freien bzw. mit natürlichen Hilfsmitteln stattfinden.

Übungen, Methoden: Der Skicoach rät!

- Frequenztappings links/rechts auf der Stelle. Ca. 8 sec., 3-5 Versuche.
- Frequenztappings links/rechts in der Abfahrtshocke. Ca. 8 sec., 3-5 Versuche.
- Seitsteps ca. 3 m hin und her mit Wechsel der skitypischen Positionen. Ca. 10-15 sec., 3-5 Versuche.
- Sprints mit Richtungsänderungen vor/seit/rück. Ca. 4-6 sec., 3-5 Versuche.
- Reaktionsbewegungen, Sprints oder Sprünge, eventuell mit Zusatzaufgaben bezüglich der Bewegungsrichtung auf optische Zeichen (eventuell auch als Partnerübung). 3-5 sec., 3-5 Versuche.
- Schnelligkeitsparcours mit Markierungen und Bewegungskombinationen, z. B. Vorrücksprints um Markierungen, Seitsteps zur nächsten Markierung, Sprint rückwärts zur nächsten Markierung, Seitsteps zur nächsten Markierung, Sprint vorwärts zur nächsten Markierung. Ca. 8-max. 15 sec., 3-5 Versuche.
- Schnelligkeits- und/oder Sprungparcours in Verbindung mit einfachen Turnelementen (z. B. Rolle vorwärts, anschließend Rolle rückwärts, anschließend 4 Sprünge über Hürden, an-

schließend 8 Seitsprünge über Markierung hin und her, anschließend Sprint vorwärts. Ca. 8-15 sec., 3-5 Versuche.

- Frequenztappings beidbeinig in unterschiedlichen Widerlagern (Weichboden, Minitramp, Federbrett). Ca. 6-8 sec., 3-5 Versuche.
- Schnelligkeitsparcours mit Sprints, Sprüngen, Imitationsübungen im Gelände, z. B. an Treppen oder auf Bergpfaden mit wechselnden Bodenverhältnissen. Ca. 8-15 sec., 3-5 Versuche.

Anmerkungen

- Das Programm kann optimal in Zirkelform oder in Blockform (Kombination von 2-4 Übungen) durchgeführt werden.
- Nicht alle Übungen in einer Trainingseinheit absolvieren, lediglich 3-5.
- Man kann auch einen Teil des Programms in eine Krafteinheit integrieren oder mit Gleichgewichtsinhalten bzw. motorischen Inhalten kombinieren.
- Übungen, die Probleme bereiten, sollten öfters probiert werden.
- Die Pausenzeit sollte 1-2 Minuten betragen, um die Übungen stets hundertprozentig konzentriert anzugehen.
- Der Trainingsumfang richtet sich nach der „Schnelligkeitsermüdung"; d. h., wenn nicht mehr annähernd die anfängliche Bewegungsgeschwindigkeit bzw. Frequenz erreicht wird, muss man die Vorgaben erleichtern oder abbrechen.
- Die Reihenfolge der Übungen kann variiert werden.
- Die optimale Bewegungstechnik und das Beherrschen der Übung stehen absolut im Vordergrund.
- Je besser der Athlet ist, desto komplexer kann eine Übung sein.
- Die Zielgruppe stellen die Trainingsbeginner, aber auch trainingserfahrene Athleten und Leistungssportler dar, ganz besonders jedoch Nachwuchsathleten im Kindes-, Schüler- und Jugendalter und Athleten in der Rehabilitationsphase.

Ausdauertraining/ -programme

Wie im Anforderungsprofil ersichtlich, ist im Bereich der Ausdauer die spezifische Form der Kraftausdauer vor allem für die Beinmuskulatur von größter Bedeutung. Die Grundlagenausdauer spielt eine sehr große sekundäre Rolle, da im modernen Fitness- und Leistungstraining mit vielen Trainingseinheiten pro Woche eine gute Grundlagenausdauer entscheidend für eine schnelle Regeneration ist.

Da Skisport oft in Höhen über 2.000 m betrieben wird, kann nur durch gut ausgebildete Grundlagenausdauer die Skitechnik dauerhaft umgesetzt werden und dadurch auch der Spaß an der Sportart kontinuierlich erlebt werden. Ohne Audauer ist man sehr schnell am Limit angelangt und kann durch die Ermüdung keine Lernerfolge verzeichnen. Zudem ist es ärgerlich, den Tiefschnee an einem Super-Freeridingtag nicht ausgiebig genießen zu können.

Es gibt vielfältige Möglichkeiten, die Grundlagenausdauer sowie die spezifische, teils hochintensive Kraftausdauer zu trainieren. Laufen, Bergsteigen und Hiking, Berglaufen und Trialrunning, Straßenradfahren, Mountainbikefahren auf Bergstraßen, Wegen und Trails und als Cross-Country-Training im schwierigeren Gelände, Inlineskating, Nordic-Walking und Skilanglauf klassisch sowie Skating, Radergometer, Spinningräder, Laufbänder in den Trainingsstätten ergänzen die Palette der möglichen Trainingsinhalte und Trainingsmittel.

Trainingsinhalte im Ausdauerbereich

Im Folgenden werden überblicksartig Trainingsinhalte (Ausdauersportarten) und ihre Effektivität bzw. Trainingswirkung für das Ausdauertraining des Skisportlers dargestellt.

Laufen auf der Bahn und im Gelände bzw. Trialrunning
- Gute Grundlagenausdauereffekte, hoher Grundumsatz, Beteiligung großer Muskelgruppen, einfache Steuerung der Intensität, wenig skispezifisch.

Bergsteigen, Hiking
- Gut für Grundlagentraining im mittleren Leistungsbereich, teils auch Kraftausdauereffekt bei schnellem Gehtempo, es kann Berg- und Geländeerfahrung gesammelt werden!

Berglaufen
- Sehr intensive Trainingswirkung, spezifisch durch hohe Kraftausdauerbelastung, als Grundlagentraining nur für sehr gut ausdauertrainierte Sportler sinnvoll.

Sraßenradfahren
- Gute Grundlagenausdauereffekte, sehr effektiv für Kraftausdauertraining, spezifisch auf Grund der hohen Belastung der Oberschenkelmuskulatur.

Mountainbiking
- Sehr funktionsbreites Training, sehr effektiv für den Skisport sowohl für Grundlagen- als auch spezifisches Training, bei intensiven Einheiten höchste Belastungswerte (s. Berglaufen), bei Training im bergigen oder schwierigen Gelände sehr positive Trainingseffekte im Hinblick auf Geschwindigkeitsgewöhnung und Gleichgewichtsregulation.

Inlineskating
- Gutes Grundlagentraining, teils auch sehr gutes Kraftausdauertraining für die Beinmuskulatur, z. B. bei Bergstrecken möglich.

Skilanglauf
- Gutes Grundlagentraining, vor allem Skatingtechnik, bei Training ohne Stöcke gute Kraftausdauerwirkung in Verbindung mit Gleichgewichtsregulation.

Ausdauertrainingsmethoden

Im Ausdauertraining für den Skisportler folgen die Trainingsziele einerseits aus den Trainingsinhalten und andererseits aus den verwendeten Trainingsmethoden. Im Ausdauertraining ergibt sich die Belastung aus der Kombination von Intensität (Laufgeschwindigkeit, Fahrgeschwindigkeit, Krafteinsatz, Schrittlänge bzw. Trittfrequenz) mit den indirekten Belastungskennwerten wie Herzfrequenz oder der Art der Energiebereitstellung. Man unterscheidet bei der Energiebereitstellung zwischen zwei Grundformen:

- Genügend Sauerstoffbereitstellung in der Muskulatur (aerobe Energiebereitstellung).
- Energiebereitstellung mit Sauerstoffarmut (anaerobe Energiebereitstellung).

Des Weiteren ergibt sich die Belastung aus dem Trainingsumfang (Dauer des Trainings, Wegstrecke, Höhenmeter bzw. Kilometerleistung).

Die Trainingsmethoden leiten sich aus den Trainingsbereichen ab, die für die Trainingspraxis von größter Bedeutung sind. Im Folgenden werden die wichtigsten Trainingsbereiche, bezogen auf den Skisport, dargestellt.

TRAININGSBEREICHE

Trainingsbereich	Abkürzung	Kurzbeschreibung
Regenerations-/Kompensationsbereich	Reg/Kom	Niedrigste Intensität (ca. HF 120), niedriger Umfang (bis maximal 60 min), Regenerationstraining.
Grundlagenbereich	GA	Basistraining im Ausdauerbereich, niedrige bis mittlere Intensität (HF bis ca. 150), hoher Umfang (bis zu mehreren Stunden), vorwiegend Fettstoffwechsel und aerobes Leistungsvermögen, leichte bis mittlere Anstrengung.
Entwicklungsbereich	EB	Mittlere bis höhere Intensität (HF bis ca. 170), mittlerer Umfang (1-2 Stunden) und Intervallbelastungen, Fett- und Kohlenhydratstoffwechsel, höherer Krafteinsatz, Training im Bereich der aerob/anaeroben Zone, mittlere bis hohe Anstrengung.
Spitzenbereich	SB	Hohe bis höchste Intensität (HF bis Maximalpuls), geringer Umfang (30 min) meist nur in Intervallform mit mittleren Belastungszeiten oder als Ausdauerwettkampftraining möglich, anaerober Kohlenhydratstoffwechsel, hoher Krafteinsatz, hohe bis höchste Anstrengung.
Kraft- und Schnellkraftbereich	MK/SK	Mittlere bis hohe Intensität und höchster bzw. schnellstmöglicher Krafteinsatz, geringer Umfang, nur in Intervallform mit kurzen Belastungszeiten möglich, spezielle Kraftausprägung in Verbindung mit Ausdauersportarten, anaerober Phosphatstoffwechsel, hohe, kurze Anstrengung.
Kraftausdauerbereich	KA	Hohe bis höchste Intensität (HF bis Maximalpuls), hohes Kraftniveau über einen langen Zeitraum, geringer bis mittlerer Umfang, meist nur in Intervallform möglich, hohe bis höchste Anstrengung.

Aus den Trainingsbereichen ergeben sich die wichtigsten Methoden für das Ausdauertraining des Skisportlers.

Dauermethode

DAUERMETHODE		
Bereich	**Dauer**	**Intensität**
GA:	45 min-mehrere Stunden	HF ca. 130-150
EB:	30 min-ca. zwei Stunden	HF ca. 150-170
SB:	bis ca. 30 min	HF ca. 180 bis Maximalpuls

Trainingsgestaltung

Normalerweise als kontinuierliche Dauermethode. Für das Skisporttraining ist es jedoch sehr sinnvoll, in einer Trainingseinheit die Bereiche zu kombinieren (variable Dauermethode), z. B. auf Grund einer abwechslungsreichen bzw. bergigen Streckenführung. Je einseitiger die Streckenführung, desto genauer kann jedoch der Trainingsbereich eingehalten werden.

Einsatzbereich/Erläuterungen

Die Dauermethode ist die am häufigsten verwendete Methode zur Verbesserung der Ausdauerleistungsfähigkeit. Neben den eigentlichen Trainingseffekten spielen vor allem für den Skisportler das Naturerlebnis und die psychischen Momente (Wille, Motivation, Flowgefühl) eine zentrale Rolle.

Von den genannten Belastungszeiten und Intensitäten nimmt die Laufbelastung vom möglichen Trainingsumfang her am wenigsten Raum ein, ist jedoch von den Pulswerten höher als das Radfahren einzuschätzen (+ ca. 10 Pulswerte). Beim Straßenradfahren, Mountainbikefahren und bei Bergläufen bzw. Bergsteigen sind sehr hohe Intensitäten und Umfänge möglich, deshalb sollte das Ausdauertraining für Skisportler eher in Verbindung mit diesen Sportarten durchgeführt werden. Ein sehr funktionsbreites Training kann man starten, wenn man in einer Trainingseinheit die Sportarten kombiniert (z. B. Mountainbiken mit anschließendem Bergsteigen). Die Dauermethode wird in allen Alters- und Leistungsbereichen eingesetzt. Ein gezieltes Ausdauertraining sollte nur mit einer Pulsmesstrainingsuhr begonnen werden.

Kraftausdauer-/Intervallmethoden

KRAFTAUSDAUER-/INTERVALLMETHODEN				
Bereich	Dauer	Anzahl	Pause	Intensität
SB-Intervalle:	30 sec-5 min	3-8	3-20 min	HF bis Maximalpuls
SK-MK-Intervalle	bis 10 sec.	ca. 10	ca. 3 min	HF bis ca. 170
KA-Intervalle	1 min-ca. 30 min	1-8	5-20 min	HF bis Maximalpuls

Trainingsgestaltung

Je intensiver die Belastungen, desto kürzer sind die Intervallzeiten. Das Intervalltraining kann für ein skisportgemäßes Ausdauertraining auch in eine Dauereinheit integriert werden. So ist es sehr effektiv, wenn man in eine Mountainbiketrainingseinheit einige Schnellkraftintervalle, z. B. 5 x 6 Sekunden, und ein Kraftausdauerintervall an der längsten Steigung integriert.

Vor allem die Kraftausdauer-, Schnellkraft- und Maximalkraftintervalle lassen sich sehr gut mit dem Rad oder mit dem Mountainbike durchführen. Die Pausengestaltung hängt einerseits von der Belastung ab, andererseits aber auch vom subjektiven Belastungsgefühl.

Einsatzbereich/Erläuterungen

Die Intervallmethoden sind für das spezifische Ausdauertraining des Skisportlers sehr wichtig. Man kann durch die unterschiedliche Wahl der Sportart bzw. des Gedländeprofils sehr variabel und teilweise sehr spezifisch die Beinmuskulatur trainieren. Die Intervallmethode wird vorwiegend im leistungssportlichen Training eingesetzt. Bei gemäßigter Form (Reduzierung der Intensität) ist sie jedoch auch im Nachwuchsbereich ab dem Schüleralter sowie im Skifitnessbereich sehr effektiv.

Ausdauertrainingsprogramme/- inhalte

Allgemeine Grundlagenausdauerinhalte

Trainingsziel, Erläuterungen

- Verbesserung und Entwicklung der allgemeinen Grundlagenausdauer.
- Zum Aufwärmen je nach Disziplin 10 min motorische Übungen, Koordinations- oder Technikübungen (hohe Trittfrequenzen, koordinative Läufe u. Ä.). Bei Bedarf und je nach Gefühl kurzes Andehnen der zu beanspruchenden Hauptmuskulatur bzw. 2-3 Rumpfkräftigungsübungen.
- Zum Trainingsausklang ca. 15 min Dehnung der hauptsächlich beanspruchten Muskulatur oder Durchführung einer weiteren Trainingseinheit, z. B. Rumpfkräftigung, Krafttraining für den Oberkörper.

Übungen, Methoden: Der Skicoach rät!

- Laufen variabel zwischen GA und EB im wechselnden Gelände. 45-90 min, HF 140-170.
- MTB, Rad variabel zwischen GA und EB im wechselnden Gelände. 2-4 Std., HF 130-160.
- Kombinierte Einheit Laufen und MTB/Rad GA und EB im wechselnden Gelände. 90 min-2 Std., HF 140-175.
- MTB/Rad im bergigen Gelände, EB mit KA-Intervallen (je nach Berglänge). 1-2 Std., HF 150-ca. 190.
- Inlineskating variabel GA, EB, SB. Ca. 60 min, HF 140-190.
- Bergläufe, Trialrunning EB mit MK-Intervallen (kurze Antritte bzw. Sprünge). Ca. 30 min-1 Std., HF 150-190.

Anmerkungen

- Es wurden absichtlich viele Alternativen für das Grundlagenausdauertraining dargestellt, es wird jedoch jeweils nur eine Alternative für eine Trainingseinheit verwendet.
- Die grundlegenden Trainingsmöglichkeiten ergeben sich aus den Trainingsbereichen und den Methoden.
- Auf eine optimale Bewegungstechnik ist immer zu achten.
- Vor allem die Ausdauereinheiten wie Trialrunning, MTB, Inlineskating sind dafür prädestiniert, gewisse koordinative Elemente zu integrieren bzw. die Wahrnehmung und den Geist

in Bezug auf Geschwindigkeit und situative Bewegungslösungen zu schulen.

- Ebenso ist der regelmäßige und abwechslungsreiche Umgang mit den Elementen am Berg und in der Natur vorteilhaft.
- Die Zielgruppe stellen Sportler aller Leistungsstufen dar, wobei bei Kindern und Jugendlichen auf eine große Variabilität der Trainingsmittel zu achten ist.

Spezifische Kraftausdauerinhalte bzw. Intervallinhalte für die spezifische Ausdauer

Trainingsziel, Erläuterungen

- Verbesserung und Entwicklung der spezifischen Kraftausdauer bzw. spezifischer Ausdauerfähigkeiten. Zum Aufwärmen je nach Disziplin 20 min Kreislauftraining in der jeweiligen Sportart und eine Vorbelastung durch kurze Antritte und Sprints erreichen.
- Zum Trainingsausklang ca. 30 min Ausfahren, Auslaufen usw., sowie Dehnungsübungen.

Übungen, Methoden: Der Skicoach rät!

- Lauf, Rad, MTB, Inline SB-Intervalle. 3-5 x ca. 1 min, HF bis 190, 5 min Pause.
- Lauf, Rad, MTB, Inline EB/SB-Intervalle. 5-8 x ca. 3 min, HF bis 180, 10 min Pause.
- Berglauf, MTB, Inline, Skating am Berg KA-Intervalle. 3-5 x ca. 3-5 min, HF bis Maximalpuls, ca. 10-15 min Pause.
- MTB Cross-Country bzw. Trialrunning. Intervalle mit Geländeparcours. Wechsel EB/SB/MK/KA-Intervalle je nach Streckenprofil und Aufgaben. 5-8 x 3-5 min, HF bis ca. 190, ca. 10-15 min Pause.
- Kombinierte Einheit Lauf/MTB SB/KA-Intervalle im Gelände oder am Berg mit Disziplinwechsel. 3-5 x 1-3 min, HF bis Maximalpuls, ca. 10-15 min Pause.

Anmerkungen

- Es wurden absichtlich viele Alternativen für das Grundlagenausdauertraining dargestellt, es wird jedoch jeweils nur eine Alternative für eine Trainingseinheit verwendet.

TISSOT
4
MERIDA
MERIDA
MARS

- Auf eine optimale Bewegungstechnik ist immer zu achten.
- Vor allem die Ausdauereinheiten wie Trialrunning, MTB, Inlineskating sind dafür prädestiniert, gewisse koordinative Elemente zu integrieren bzw. die Wahrnehmung und den Geist in Bezug auf Geschwindigkeit und situative Bewegungslösungen zu schulen.
- Ebenso ist der regelmäßige und abwechslungsreiche Umgang mit den Elementen am Berg und in der Natur vorteilhaft.
- Die Zielgruppe stellen Sportler aller Leistungsstufen dar, wobei bei Kindern und Jugendlichen auf eine große Variabilität der Trainingsmittel zu achten ist.

Beweglichkeitstraining/-programme

Im Skisport benötigt man kein besonderes Maß an Beweglichkeit in den einzelnen Muskelgruppen und keine herausragend ausgebildete Schwingungsamplitude der Gelenke. Eine nicht verkürzte Muskulatur und ein funktioneller Bewegungsapparat sind einerseits jedoch eine absolute Voraussetzung für das Beherrschen der modernen Skitechnik und andererseits auch eine gute Prophylaxe gegen Verletzungen.

Ein Skisportler sollte nicht nur kräftig und koordinativ gut trainiert, sondern auch sehr funktionell ausgebildet sein. Vor allem auf eine gute Mobilität des Hüftgelenks und der Wirbelsäule sollte geachtet werden. In Verbindung mit der Rumpfkräftigung ist die funktionelle Ausbildung und Erhaltung der Beweglichkeit eine ergänzende Notwendigkeit. Die moderne Carvingtechnik hat hier die Beweglichkeitsanforderungen an den Skisportler erhöht.

Wellnesstrends wie Yoga, ganzheitliches Training für Körper, Geist und Seele, Aigelsreiter-Training zielen ganz besonders auf die Beweglichkeitsschwächen der meisten Menschen, aber auch teilweise einiger Spitzenathleten hin. Das Beweglichkeitstraining für den Skisport kann somit auch sehr vielseitig durchgeführt werden. Klassische Übungen, aber auch spezielle Übungen, vor allem für die Beinmuskulatur und die Hüftbeweglichkeit sind sehr nützlich. Neben dem eigentlichen Trainingseffekt der Verbesserung bzw. der Aufrechterhaltung der Beweglichkeit dient ein Stretching- bzw. ein Beweglichkeitsprogramm einer schnelleren Regeneration und Kompensation von harten Trainingsinhalten und ist entscheidend für ein ganzheitliches, positives Körpergefühl.

Übungen zur Aufrechterhaltung und Verbesserung der Beweglichkeit sind aus dem täglichen Training im Skisport nicht mehr wegzudenken. Das Beweglichkeitstraining beginnt mit den wichtigsten Übungen ab dem späten Kindesalter (ab 10 Jahren) und zieht sich durch ein ganzes Sportlerleben.

Methoden des Beweglichkeitstrainings

Es gibt zahlreiche Methoden zur Verbesserung der Beweglichkeit und der Dehnfähigkeit der Muskulatur. Der Hauptunterschied liegt in der Mukelarbeitsweise und in der Haltezeit. Darüber hinaus gibt es noch eine Möglichkeit, mit zusätzlichem An- und Entspannen der Muskulatur den Dehneffekt zu erhöhen.

Die dynamischen Dehnmethoden dienen mehr der muskulären Vorbereitung vor dem Training, das klassische Stretching oder auch die Yogamethode mit sehr langen Haltezeiten dient mehr der Beweglichkeitsverbesserung und einer Beschleunigung der Regeneration. Folgende Übersicht zeigt die effektivsten Methoden für das Beweglichkeitstraining im Skisport.

DEHNMETHODEN

Dehnmethode	Belastungszeiten	Trainingsgestaltung/ Einsatzbereich
Statisches Dehnen (klassische Stretchingmethode)	30 sec.-1 min, 1-3 Versuche pro Übung.	In allen Leistungsklassen, vorwiegend nach dem Training oder als eigene TE, bei schnellen Bewegungen nicht als Erwärmung.
Statisches Andehnen (kurze Stretchingmethode)	4 -maximal 10 sec. andehnen der Muskulatur, 1-3 Versuche pro Übung.	Eher für trainingserfahrene Sportler gedacht, positive Trainingswirkung vor einem Schnelligkeits- oder intensiven Krafttraining, Muskelgefühl.
Kurzzeitiges, dyamisches Dehnen mit kleiner Schwingungsweite	2-3-maliges Wippen in der Ausgangsposition, 1-3 Versuche pro Übung.	Eher für trainingserfahrene Sportler gedacht, positive Trainingswirkung vor einem Schnelligkeits- oder intensiven Krafttraining, Muskelgefühl.
Stretchingmethode mit Anspannen der Muskulatur (CHRS-Methode)	In der Dehnposition, 4-6 sec. langes, maximales Anspannen der zu dehnenden Muskulatur mit anschließendem Dehnen (30 sec.-1min), 1-3 Versuche.	Sehr schneller Trainingseffekt bei großen Schwächen im Beweglichkeitsbereich, auch im Aufbautraining nach Sportverletzungen, Muskelgefühl sollte vorhanden sein.
Yoga-Methode	1-5 min, 1-2 Versuche.	Sehr effektiv zur langfristigen Mobilitätsverbesserung, eher für trainingserfahrene Sportler.

Im Folgenden ist eine Übersicht der wichtigsten Übungen zum spezifischen Beweglichkeitstraining aufgezeigt. Weitere Übungen für alle Muskelgruppen, wie in vielen Sportarten eingesetzt, sind natürlich auch im Skisport zu empfehlen.

Übungen, Methoden: Der Skicoach rät!

- Bei allen Übungen ist auf eine funktionelle und korrekte Durchführung zu achten.
- Eine neutrale Beckenposition ohne Kippen des Beckens nach vorne oder hinten mit relativ aufrechter Wirbelsäule und achsengerader Haltung der Extremitäten mit einer geraden Kopfposition ist bei allen Übungen notwendig.

Beinbeugerübung im Liegen

Kniestreckerübung im Kniestand

Hüftgesäßmobilisation im Stehen

Hüftgesäßmobilisation im Liegen

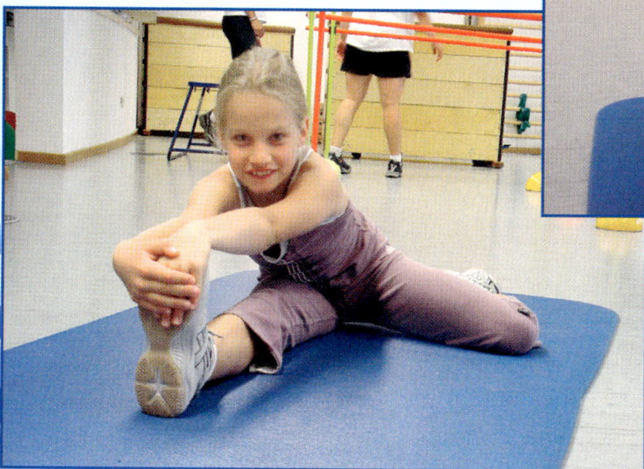

Hürdensitz

Knieauswärtssitz beidbeinig

Spagat seitlich

Spagat mit geradem Rücken

Rückenmobilisation einseitig im Liegen

Hocke

Dehnung Waden

VI BEISPIELE FÜR TRAININGSKONZEPTE

Dieses abschließende Kapitel enthält einige Beispiele von Trainingskonzepten zur Umsetzung eines alters- und leistungsgerechten Trainings im Rahmen der konditionellen Vorbereitung im Skisport. Es werden zwei Trainingskonzepte für den Nachwuchsleistungssport und ein Trainingskonzept für ein leistungsorientiertes Fitnesstraining im Erwachsenenbereich vorgestellt.

TRAININGSPROGRAMME

Trainingskonzept Konditionstraining im Skisport für S10-S12 (9-12-Jährige)

Ziele: ⇨ Erreichen von hohen allgemeinen konditionellen und motorischen Fähigkeiten, Hinführung an spezielle Fähigkeiten, Erreichen eines sehr guten und absolut vielseitig ausgebildeten Trainingszutandes, Spaß am regelmäßigen Training.

Der Skicoach rät: ⇨ Sehr motivierend mit den Kindern arbeiten, Wettkämpfe ins Training einbauen, auf gute Organisation und wenig Erklärungen achten, hohen Aufforderungscharakter der Übungen erzielen.

Juni, Juli

Trainingsinhalte:

- ❑ Allgemeine Koordination (Läufe-Sprünge-Spiele).
- ❑ Basistraining Rumpf und allgemeine Athletik.
- ❑ Grundübungen für die Beweglichkeit.
- ❑ Einfache, elementare Schnelligkeit.
- ❑ Spielerische Ausdauer und Natursportinhalte, eventuell mit Wettkämpfen.
- ❑ Alternative Sportarten (Klettern, Inlineskating, ...).
- ❑ Betreiben von vielen allgemeinen Sommersportarten (Spiele, Tennis, Turnen, Ballett, Leichtathletik, ...).

Trainingsgestaltung:

- ❑ 2 x wöchentlich Skikonditionstraining (Dauer ca. 90 min).
- ❑ Trainingseinheiten mit gemischten Inhalten durchführen.
- ❑ Übungen erlernen.
- ❑ Die Trainingseinheiten sollten vorwiegend im Freien stattfinden.
- ❑ Trainingsmotivation entwickeln.

September, Oktober, November

Trainingsinhalte:

- ❑ Spezielles motorisches Training (Gleichgewicht, spezifische Bewegungen, Koordinationsbahnen).
- ❑ Komplexer Schnelligkeitsparcour.
- ❑ Ausdauer und Natursportinhalte.
- ❑ Basistraining Rumpf und allgemeine Athletik.
- ❑ Grundübungen für die Beweglichkeit.
- ❑ Kraft-Zirkeltraining in Verbindung mit Koordination ohne Zusatzlasten (Sprünge, Beinübungen usw. ...).
- ❑ Konditionswettkampf einbauen.

Trainingsgestaltung:

- ❑ 2 x wöchentlich Skikonditionstraining (Dauer ca. 90 min), eventuell dritteTrainingseinheit dazu.
- ❑ Trainingseinheiten mit gemischten Inhalten durchführen.
- ❑ Trainingswille und Selbstüberwindung entwickeln.
- ❑ Übungen stabilisieren.
- ❑ Trainingsumfang und Inhalte mit Skitraining abstimmen.

Dezember-April

Trainingsinhalte:

- ❑ Allgemeine Koordination und Schnelligkeit.
- ❑ Spezielles motorisches Training (Gleichgewicht, spezifische Bewegungen, Koordinationsbahnen).
- ❑ Basistraining Rumpf und allgemeine Athletik.
- ❑ Alternativsportarten (Eishockey, Ballsportarten, LL-Skating, ...).

Trainingsgestaltung:

- ❑ 1 x wöchentlich Skikonditionstraining bzw. angepasst an das Skitraining.
- ❑ Abwechslungsreiches Konditionstraining.
- ❑ Allgemeine Grundlagenausbildung weiterentwickeln.
- ❑ 3 x wöchentlich Skitraining in den Trainingszentren.

Trainingskonzept Konditionstraining im Skisport für S14 – und Beginn J 16 (13-15-Jährige Leistungssportler)

Ziele: ⇨ Erreichen von hohen allgemeinen konditionellen und motorischen Fähigkeiten, Ausprägung spezieller Fähigkeiten, Erreichen eines sehr guten und absolut vielseitig ausgebildeten Trainingszustandes, Leistungsmotivation, Wille.

Der Skicoach rät: ⇨ In diesem Altersbereich gezielt Schwächen im konditionellen Bereich kompensieren, funktionelles Kraft- und Beweglichkeitstraining speziell für Jungen sehr wichtig, Wettkämpfe und Willensschulung ins Training integrieren.

Mai, Juni, Juli

Trainingsinhalte:

- ❑ Allgemeine Koordination (Läufe-Sprünge-Spiele).
- ❑ Basistraining Rumpf und allgemeine Athletik.
- ❑ Kraftbasistraining ohne Zusatzlasten.
- ❑ Grundübungen für die Beweglichkeit.
- ❑ Einfache, elementare Schnelligkeit.
- ❑ Spielerische Ausdauer und Natursportinhalte mit Wettkämpfen.
- ❑ Alternative Sportarten (Klettern, Inlineskating, ...).
- ❑ Betreiben von zusätzlichen Sportarten (Spiele, Tennis, Turnen, Leichtathletik, ...).
- ❑ Überprüfung Stärken/Schwächen.

Trainingsgestaltung:

- ❑ 2-3 x wöchentlich Skikonditionstraining (Dauer ca. 90 min).
- ❑ Trainingseinheiten mit gemischten Inhalten durchführen.
- ❑ Übungen optimieren.
- ❑ Die Trainingseinheiten sollten vorwiegend im Freien stattfinden.
- ❑ Trainingsmotivation entwickeln.

September, Oktober, November

Trainingsinhalte:

- ❑ Spezielles motorisches Training (Gleichgewicht, spezifische Bewegungen, Koordinationsbahnen).
- ❑ Komplexer Schnelligkeitsparcour.
- ❑ Ausdauer und Natursportinhalte.
- ❑ Basistraining Rumpf und allgemeine Athletik.
- ❑ Grundübungen für die Beweglichkeit.
- ❑ Kraft-Zirkeltraining in Verbindung mit Koordination ohne Zusatzlasten (Sprünge, Beinübungen, usw. ...).
- ❑ Kraftausdauertraining Beine.
- ❑ Konditionstests bzw. Wettkämpfe.
- ❑ Überprüfung Stärken/Schwächen.

Trainingsgestaltung:

- ❑ 3 x wöchentlich Skikonditionstraining (Dauer ca. 90 min), eventuell Zusatztrainingseinheit dazu.
- ❑ Trainingseinheiten mit Schwerpunkten.
- ❑ Trainingswille und Selbstüberwindung entwickeln.
- ❑ Übungen variieren und erschweren.
- ❑ Trainingsumfang und -inhalte mit Skitraining abstimmen.

Dezember-April

Trainingsinhalte:

- ❑ Allgemeine Koordination und Schnelligkeit.
- ❑ Spezielles motorisches Training (Gleichgewicht, spezifische Bewegungen, Koordinationsbahnen).
- ❑ Basistraining Rumpf und allgemeine Athletik.
- ❑ Alternativsportarten (Eishockey, Ballsportarten, LL-Skating, ...).

Trainingsgestaltung:

- ❑ 1 x wöchentlich Skikonditionstraining bzw. angepasst an das Skitraining.
- ❑ Abwechslungsreiches Konditionstraining.
- ❑ Allgemeine Grundlagenausbildung weiterentwickeln.
- ❑ Spezifische Motorik weiterentwickeln.
- ❑ 4-6 x wöchentlich Skitraining in den Trainingszentren mit Wettkämpfen.

Trainingskonzept Konditionstraining im Skisport für Fitnesssportler (Erwachsenenbereich)

Trainingsziele: ➪ Guter allgemeiner funktioneller Fitnesszustand, Training von speziellen Fähigkeiten, Abbau von konditionellen Schwächen, Spaß an der Entwicklung einer ganzheitlichen Skifitness für eine Skisaison.

Der Skicoach rät: ➪ Ganzheitlicher Aspekt der Fitness steht im Vordergrund, Gruppentraining ist sehr förderlich, Gesundheitszustand beachten.

Mai, Juni, Juli

Trainingsinhalte:

- ❑ Spielerische Ausdauer und Natursportinhalte.
- ❑ Alternative, neue Sportarten ausprobieren (Klettern, Inlineskating, ...).
- ❑ Betreiben von vielen allgemeinen Sommersportarten (Spiele, Tennis, ...).
- ❑ Basistraining Rumpfkräftigung und Beweglichkeit.
- ❑ Kraftbasistraining für alle Muskelgruppen.
- ❑ Sommerwettkämpfe je nach Sportartschwerpunkt.
- ❑ Eventuell Ausdauerblock mit Fitnessurlaub.

Trainingsgestaltung:

- ❑ 2-4 x wöchentlich allgemeines Konditionstraining je nach Sportarten.
- ❑ Trainingseinheiten mit Schwerpunkten.
- ❑ Trainingsmotivation entwickeln.

September, Oktober, November

Trainingsinhalte:

- ❑ Spezielles motorisches Training (Gleichgewicht, spezifische Bewegungen).
- ❑ Allgemeines Krafttraining.
- ❑ Spezifisches Kraft- und Kraftausdauertraining.
- ❑ Alternative Sportarten und Natursportarten.
- ❑ Intensives Rumpf- und Beweglichkeitstraining.
- ❑ Medizinischer Check, eventuell Leistungstest Ausdauer bzw. Kraft.

Trainingsgestaltung:

- ❑ 1-2 x wöchentlich Konditionstraining Skisport in Verbindung mit zusätzlichen allgemeinen Trainingseinheiten.

Dezember-April

Trainingsinhalte:

- ❑ Ergänzungstraining mit anderen Sportarten.
- ❑ Allgemeines Krafttraining.
- ❑ Intensives Rumpf- und Beweglichkeistraining.

Trainingsgestaltung:

- ❑ Training je nach Skihäufigkeit, wenn möglich, mindestens 1 x pro Woche, Konditionstraining für Skisport.

ANHANG

Literaturhinweise, Adressen, Internetadressen

Nützliche Literaturhinweise

WOLFGANG PERNITSCH & ARNO STAUDACHER
Konditionstraining im Alpinen Skirennlauf. Innsbruck 1998, ÖSV-Verlag
WOLFRAM LINDNER
Radsporttraining. München 2000, BLV Verlag
PETRA MICHAELIS
Moderne Funktionelle Gymnastik. Aachen 2000, Meyer & Meyer Verlag
JURI VERCHOSHANSKIJ
Ein neues Trainingssystem für azyklische Sportarten. Münster 1995, Philippka Verlag

Adressen von Trainingszentren, Trainingsmöglichkeiten, Verbänden und Klubs

Deutscher Skiverband

Hubertusstraße 182	81475 Planegg	
Tel.:	089 / 8 57 90-0	
E-mail:	dsv@ski-online.de	
Internet:	http://www.ski-online.de	

Landes-Skiverband Brandenburg e. V.

Dresdner Str. 18	03050 Cottbus	
Tel.:	0355 / 42 54 36	Fax.: 0355 / 4 30 24 08
E-mail:	lsvbrd@web.de	
Internet	http://www.lsvbrd.de	

Landesskiverband Sachsen e.V.

Reichenhainer Str. 154	09125 Chemnitz	
Tel.:	0371 / 51 12 13	Fax.: 0371 / 51 12 23
E-mail:	skiverband-sachsen@t-online.de	
Internet:	http://www.skiverband-sachsen.de	

Skiverband Berlin e. V.

Bismarckallee 2	14193 Berlin	
Tel.:	030 / 8 91 97 98	Fax.: 030 / 8 91 97 99
E-mail:	info@skiverband-berlin.de	
Internet:	http://www.skiverband-berlin.de	

Skiverband Mecklenburg-Vorpommern

Ravensburgstr. 15	17034 Neubrandenburg	
Tel.:	0395 / 5 82 61 54	Fax.: 0395 / 5 82 61 54
E-mail:	info@skiverband-mv.de	
Internet:	http://www.skiverband-mv.de	

Verband Hamburger Skivereine e. V.

Halenreie 34	22359 Hamburg	
Tel.:	040 / 7 02 47 26	Fax.: 040 / 7 02 68 10
E-mail:	info@vhsv.de	
Internet:	http://www.vhsv.de	

Skiverband Schleswig-Holstein e. V.

Korvettenstr. 8a–11	23558 Lübeck	
Tel.:	0451 / 8 97 38 17	Fax.: 0451 / 8 97 38 17

Landes-Skiverband Bremen

Postfach 330307	28333 Bremen	
Tel.:	0421 / 27 05 64	Fax.: 0421 / 27 52 45
Internet:	http://www.skiverbandbremen.de	

Niedersächsischer Skiverband e. V.

Postfach 2150	38611 Goslar	
Tel.:	05321 / 7 64 22	Fax.: 05321 / 7 64 21
E-mail:	nsv@harz.de	
Internet:	http://www.nsv.harz.de	

Skiverband Sachsen-Anhalt e. V.

Brockenstr. 5	38879 Schierke	
Tel.:	039455 / 4 62	Fax.: 039455 / 8 10 32
E-mail:	SVSA.Schierke@t-online.de	
Internet:	http://www.svsa.de	

Skiverband Rheinland e. V.

Kumpstr. 13	57537 Wissen	
Tel.:	0271 / 5 70 80	Fax.: 0271 / 5 61 21

Westdeutscher Skiverband e. V.

Butmicke 5	58531 Meinerzhagen	
Tel.:	02354 / 92 82 20	Fax.: 02354 / 60 62
E-mail:	wsv@wsv-ski.de	
Internet:	http://www.wsv-ski.de	

Hessischer Skiverband e. V.

Heinrichstr. 9	60327 Frankfurt	
Tel.:	069 / 9 73 09 70	Fax.: 069 / 97 30 97 30
E-mail:	Verband@hsv-ski.de	
Internet:	http://www.hsv-ski.de	

Saarländischer Bergsteiger- und Skiläuferbund e. V.

Im Stadtwald 54	66123 Saarbrücken	
Tel.:	0681 / 38 79-2 40	Fax.: 0681 / 38 79-2 68

Skiverband Pfalz e. V.

Hohenzollernstr. 18	67433 Neustadt	
Tel.:	06321 / 48 08 98	Fax.: 06321 / 48 08 99
E-mail:	info@svp-ski.de	
Internet:	http://www.svp-ski.de	

Schwäbischer Skiverband e. V.

Kronenstr. 37 / II	70174 Stuttgart	
Tel.:	0711 / 2 24 92-0	Fax.: 0711 / 29 13 63
E-mail:	info@online-ssv.de	
Internet:	http://www.online-ssv.de	

Skiverband Schwarzwald-Nord e. V.

Reinhold-Schn.-Str. 73d	76199 Karlsruhe	
Tel.:	0721 / 88 87 87	Fax.: 0721 / 88 87 86
Internet:	http://www.svs-n.de	

Mountains2b.com ist ein Portal, das sich mit dem Tourengehen, Klettern und Bergsteigen beschäftigt.
http://www.mountains2b.com

Beach-Volleyball2b.com – alle aktuellen News aus dem Beachvolleyballsport gibt es auf ...
http://www.beach-volleyball2b.com

Bildnachweis

Fotos im Innenteil:	**HEAD Ski:** Seite 3, 5 (von oben: 1, 2, 5, und 6), 8, 10, 18, 22, 24, 28/29, 32, 42, 45, 52, 56, 63, 66, 73, 76, 78, 80, 86, 89, 93, 100 **XnX GmbH**: Seite 5 (von oben: 3 und 4), 16, 17, 23, 30, 41, 44, 48, 49, 51, 54, 57, 59, 68, 70, 88, 90, 91, 112 **Gerwig Löffelholz**: Seite 6, 7 **Ralf Schäuble**: Seite 60, 61, 85 **Vivalpin**: Seite 74, 75
Umschlaggestaltung:	Birgit Engelen, Stolberg
Umschlagfotos:	**XnX GmbH** und **HEAD Ski**

ATOMIC
www.ski2b.com
2b or not 2b ?? · schmarrn :-) ski2b